JN277803

子どもに野菜！はスープがいちばん

田辺由布子

文化出版局

子どもに野菜！はスープがいちばん

1

野菜を煮てスープにすると、まず、たくさんの量が食べられます。
生で食べるのと比べて何倍もの量を食べることができます。

2

にんじん、ピーマンなどきらわれがちな野菜も、炒めて甘さを出したり、
他の野菜と合わせるなどしてスープにすれば、無理なく食べられます。

3

子どもはきれいな色が大好き。
コーンの黄色やパプリカの赤、アスパラガスの緑など、
きれいな色を生かしたスープにすれば、色にひかれて食べます。

4

野菜はゆでると栄養がゆで汁に出てしまいますが、
スープにして最初から煮てしまえば、栄養を逃しません。

5

子どもはとかく野菜、肉、魚などのおかずを均等に食べてくれません。
スープに肉や魚などを一緒に煮込めば、一品で栄養がとれます。

6

子どもがいると、どうしてもお子様メニューに偏りがち。
スープなら乳児から大人やお年寄りまで、皆がおいしく食べられます。

7

離乳食としてもスープは理想的。
わざわざ離乳食を作らなくても、スープならそのままで離乳食に。
また、スープにご飯を入れれば、ほどよいとろみがついて食べやすくなります。

8

スープは調理がシンプル。煮るだけ、炒めて煮るだけなどいたって簡単。
ポタージュタイプのスープなら、それをミキサーにかけるだけです。

9

スープは作りおきできるのも、うれしい。
時間のあるときに作っておけばすぐに食事にできます。
しかも翌日になると味がなじんでおいしくなります。

10

スープが残ったら、ご飯やパン、パスタなどをプラスして、
別の一皿として楽しむことができます。
子どもが好きなドリアやパスタもあっという間に。

CONTENTS

子どもに野菜！はスープがいちばん　2

おいしいスープ作りのために　5

PART 1
きれいな色のなめらかスープ

にんじんのスープ　6
ほうれん草のスープ　8
かぶのスープ　10
セロリのスープ　12
かぼちゃのスープ　14
カリフラワーのスープ　16
クレソンのスープ　18
りんごとじゃがいものスープ　20
赤パプリカのスープ　22
枝豆のスープ　24
野菜のマイルドスープ　26
とうもろこしの冷たいスープ　28
モロヘイヤの冷たいスープ　30
オクラの冷たいスープ　32
じゃがいもの冷たいスープ　34
アスパラの冷たいスープ　36
トマトの冷たいスープ　38

PART 2
具だくさんのおかずスープ

コーンクリームのさっぱりスープ　40
ブロッコリーとしめじのスープ　42
トマトと卵のスープ　44
オニオングラタンスープ　46
ミネストローネ　48
きのこの豆乳みそ味スープ　50
洋風豚汁　52
トマトとえびのスープ　54
コーンとツナのスープ　56
かぶとたらのスープ　58
あさりとトマトのスープ　60
クラムチャウダー　62
鶏肉と小松菜のスープ　64
肉だんごともやしのスープ　66
ポトフのヨーグルト添え　68
野菜たっぷりホワイトシチュー　70
塩漬け豚のトマトスープ　72

スープを残そう　74
スープにご飯をプラスして　75
スープにパンをプラスして　76
スープにパスタなどをプラスして　77

鶏ガラスープの作り方　78
スープにうれしいトッピングなど　79

この本の決り
★ 計量スプーンの大さじは15ml、小さじは5mlです。
★ 電子レンジは500Wのものを使用しました。
★ 「スープが残ったら」「スープを残そう」のレシピは
　それぞれ1〜2人分です。

おいしいスープ作りのために

1
炒めるときは
バターや油と野菜を
一緒に鍋に入れてから、
火にかける

鍋に油脂を熱してから野菜を入れると、野菜が焦げてしまったり、油脂がうまく野菜になじまなかったり。野菜と油脂を鍋に入れてから火にかけて炒めれば、じっくり野菜の甘さを引き出すことができます。

2
野菜は最初中火で炒め、
しんなりしたら
弱火にする

本来は最初から弱火でじっくり炒めるものですが、時間がかかりすぎて家庭ではちょっと大変。最初だけ中火で炒めれば、時間を短縮しつつ、野菜のおいしさもそこなわないのでおすすめです。

3
コンソメスープのもとは
必ず沸騰してから入れる

インスタントのコンソメスープのもとは手軽で便利なのですが、沸騰する前に入れると化学調味料特有の臭さが残りやすいので、沸騰してから入れれば気になりません。

4
火加減は
水を加えて
沸騰するまでは強火、
沸騰したら弱火で

沸騰するまでは強火で一気に加熱し、沸騰したら弱火でコトコト静かに煮ます。時間も燃料も節約でき、仕上りもきれい。どちらも鍋のふたをします。

5
あくも味のうちと考えて

あくはきれいに取りすぎるとうまみも一緒に捨てていることになりかねません。特に肉や魚が入っていない野菜だけのスープなら、あくもたいして出ませんので取らなくてもかまいません。

6
鍋は厚手のものを

鍋は厚手のものが火のあたりがやわらかで、おいしくできます。炒めるときはフッ素樹脂加工のものを使うと、油の量も少なくてすみ、絶えず混ぜなくても焦げません。大きさは直径20cm以上、具が多めのスープは22cm以上を。

7
ポタージュタイプは
ミキサーを使って

小さいお子さんにも向く飲みやすいポタージュスープは、ミキサーにかければあっという間にできます。沸騰した熱いものを入れると傷む場合もあるので、それぞれの取扱い説明書に従ってください。また、ミキサーの容量に応じ、入りきらないときは2回に分けるなどして、あふれないよう注意しましょう。

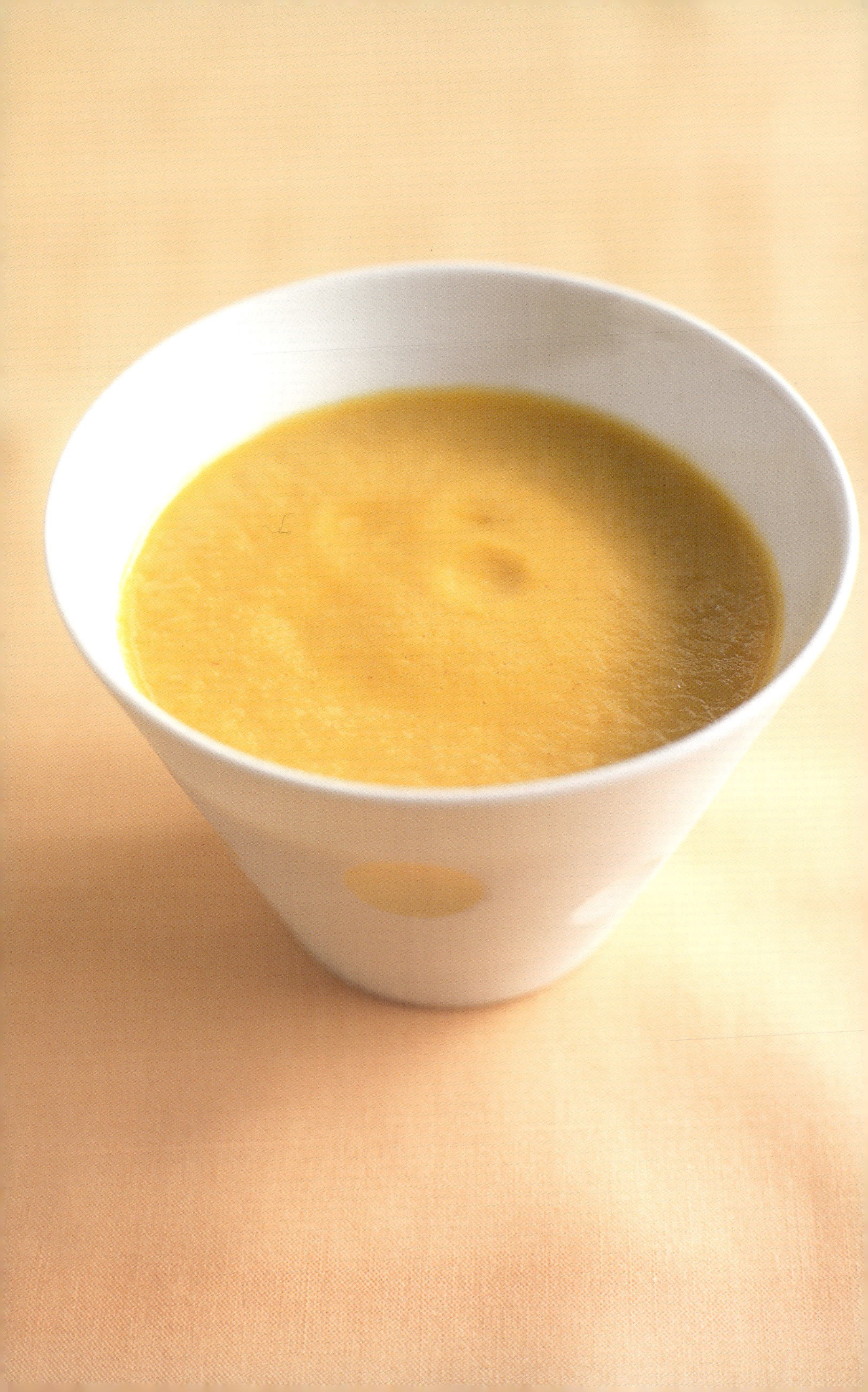

にんじんのスープ

「えっ、にんじんだけしか入らないの」と、最初は教室の生徒さんもびっくりしていました。いくらにんじんが好きでも、それだけしか入らなければ、本当においしいの？って思いますよね。おいしさのこつは、皮つきのままゆっくり弱火で炒めること。これだけでにんじんそのもののおいしさがじわじわ出てくるから不思議です。遊びに来た子どもたちに出しても大好評！ ママ友達に必ず「教えて」と言われます。

材料 < 約4人分
にんじん ＞ ＞ ＞ 中2本
バター ＞ ＞ ＞ 20g
牛乳 ＞ ＞ ＞ 500ml（好みで足してもいい）
水 ＞ ＞ ＞ 100ml
塩、こしょう ＞ ＞ ＞ 各適宜

1 ＞ にんじんはよく洗い、皮つきのまま2mm程度の薄切りにする。
2 ＞ 鍋にバターとにんじんを入れて中火にかけ、しんなりしてきたら弱火にして、木べらでつぶれるようになるまで炒める。
3 ＞ 炒めたにんじん、牛乳の半量、分量の水をミキサーに入れ、1分ほどかける。
4 ＞ 鍋に戻し入れ、残りの牛乳を加えて温め、塩、こしょうで味を調える。

スープが残ったら にんじんとツナのスパゲッティ　温めたにんじんのスープ1人分にゆでたパスタ1人分と油をきったツナ小1缶を加えてあえます。塩、こしょうで味を調えればでき上り。うちでは栄養を考えてみじん切りのパセリも加えています。こんなとき冷凍パセリがあるととっても便利。ツナが入っているのでパセリのくせは気になりません。

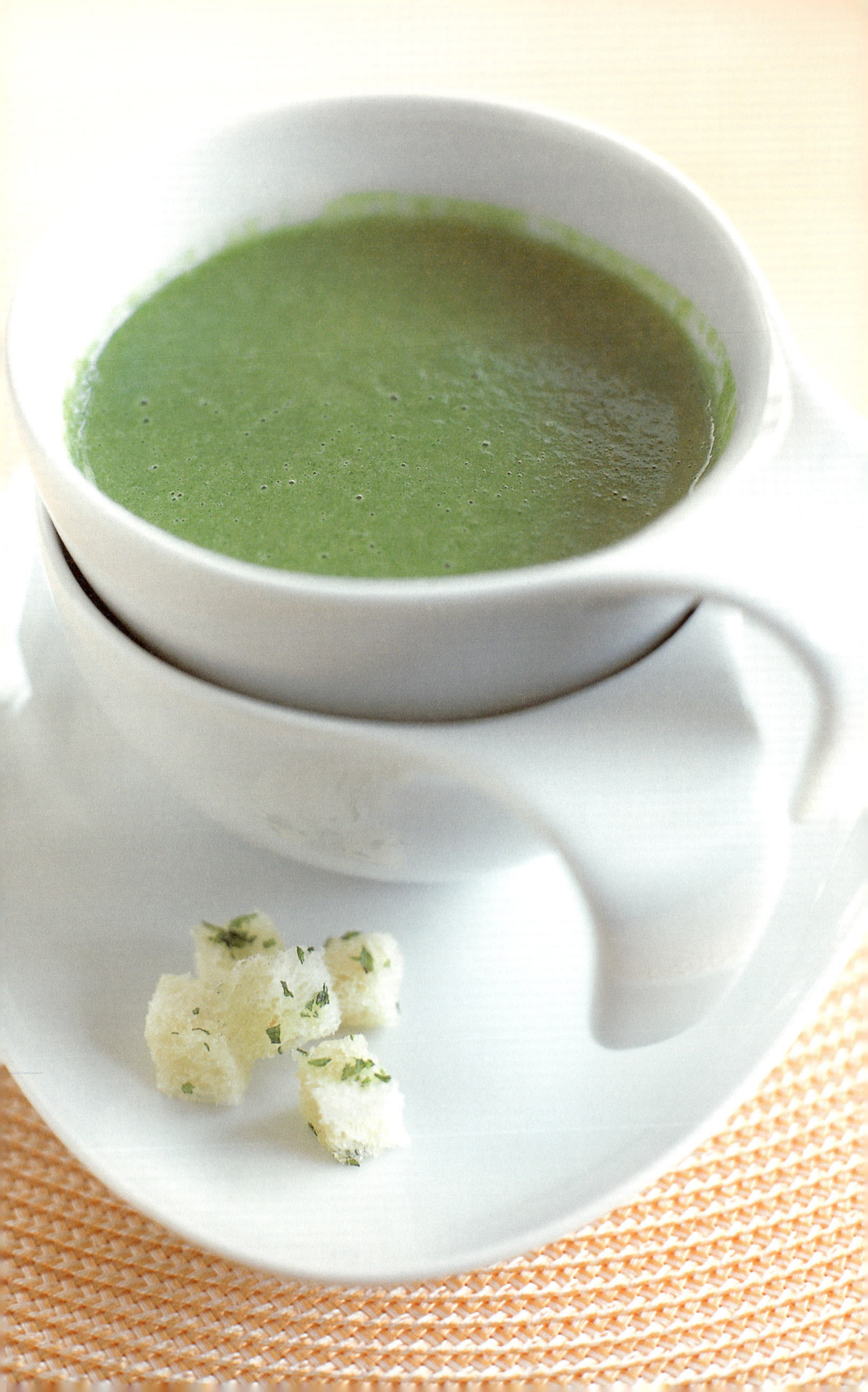

ほうれん草のスープ

娘の歯がまだ生えそろっていない時期は、野菜の繊維が口に残るのが嫌なのか、ほうれん草はおひたしやバター炒めにしてもほとんど食べませんでした。そこで考えたのがこのスープ。気持ちいいくらいゴクゴク飲んで、それ以来、わが家の定番スープになりました。「しつこくなくて飲みやすい」と両親も喜ぶので、作る機会も自然と増えてしまいます。

材料 < 約4人分
ほうれん草 > > > 1束(300g)
玉ねぎ > > > 1個
ベーコン > > > 2枚
オリーブ油 > > > 大さじ2
牛乳 > > > 400ml
コンソメスープのもと > > > 1個
塩、こしょう > > > 各適宜

1 > ほうれん草は茎と葉に分けて切り、それぞれ3等分に切る。玉ねぎは2mm幅の薄切りに、ベーコンは1cm幅に切る。
2 > 鍋にオリーブ油と玉ねぎ、ほうれん草の茎の部分を入れ、中火で炒める。
3 > 玉ねぎがしんなりしてきたらごく弱火にして10分炒める(この間、時々混ぜる程度でいい)。ベーコンを加えて軽く炒めて牛乳を加える。
4 > 煮立ってきたらコンソメとほうれん草の葉の部分を加えて混ぜ、ミキサーに1分ほどかける。鍋に戻して温め、塩、こしょうで味を調える。器に盛り、好みで簡単クルトン(PAGE 79)を添える。

スープが残ったら　ほうれん草の簡単リゾット　作り方はPAGE 75

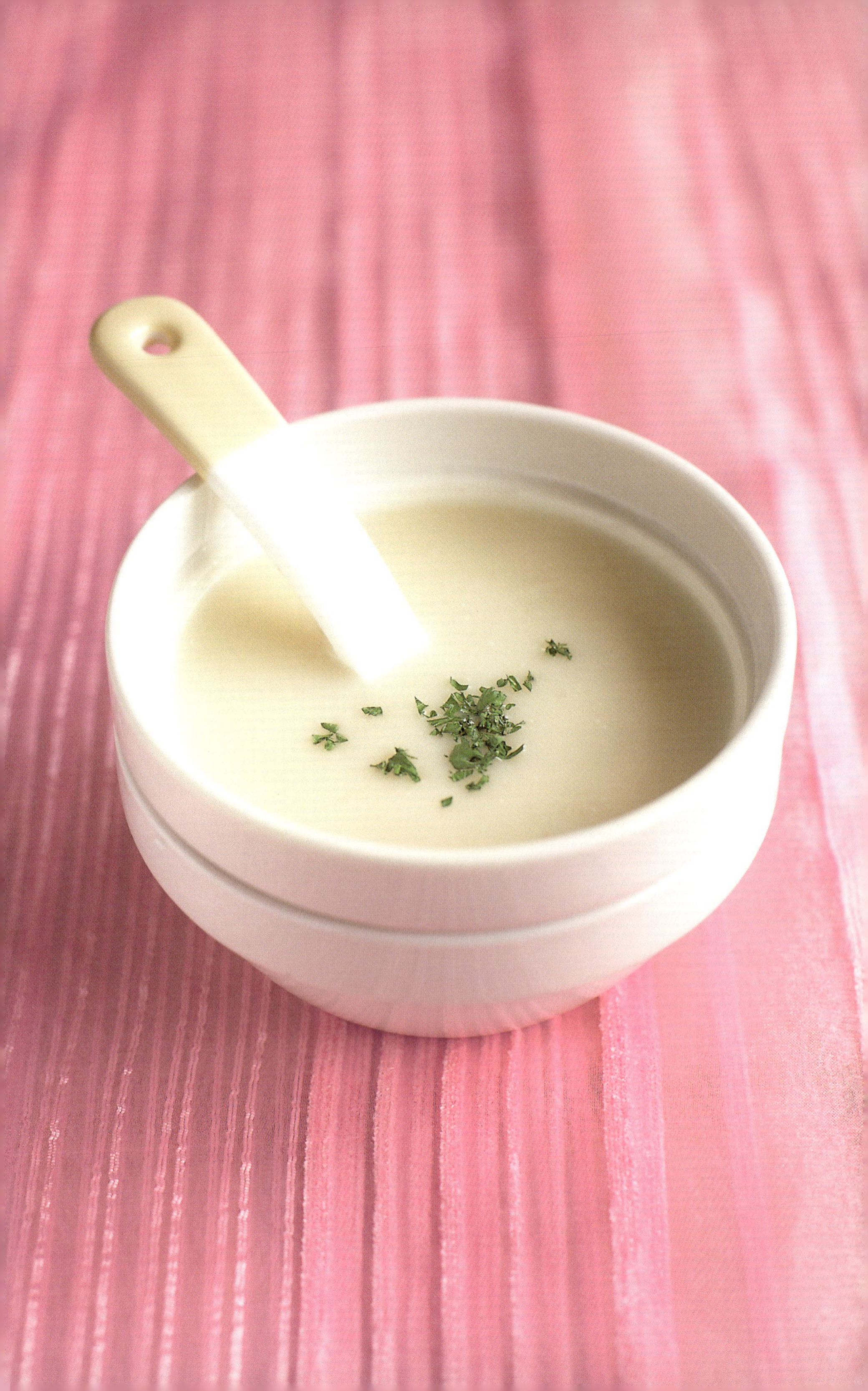

かぶのスープ

やさしい味で飲みやすいこのスープは、家族皆が大好きな味。近くの野菜直売所でかぶを買うと、必ず浅漬けとこのスープを作るのが定番です。残ったかぶの茎はじゃがいもと炒めて塩、こしょう、あるいはにんじんと炒めてきんぴら味もいいですね。暑いときは冷たくしてもおいしいスープです。

材料 < 約4人分
かぶ ＞ ＞ ＞ 3個
じゃがいも ＞ ＞ ＞ 大1個
ベーコン ＞ ＞ ＞ 1枚
サラダ油 ＞ ＞ ＞ 大さじ1
水 ＞ ＞ ＞ 600ml
コンソメスープのもと ＞ ＞ ＞ 1個
塩、こしょう ＞ ＞ ＞ 各適宜

1 ＞ かぶは皮つきのまま1cm厚さの半月切り、じゃがいもは皮をむいて5mm厚さの半月切り、ベーコンは1cm幅に切る。
2 ＞ 鍋にサラダ油とじゃがいもを入れて中火で5分炒め、ベーコンを加えて色が変わる程度に軽く炒める。
3 ＞ 分量の水とかぶを加え、沸騰したらコンソメを加えて溶かし、10分煮込む。
4 ＞ ミキサーに1分ほどかけて鍋に戻して温め、塩、こしょうで味を調える。器に盛り、好みでみじん切りのパセリをふる。

スープが残ったら **さっぱりポテトサラダ** じゃがいも1個をゆでてつぶし、温かいうちにかぶのスープを全体がしっとりする程度に加えて混ぜます。粗熱が取れたらハム1枚を刻んで混ぜ、塩、こしょうで味を調えれば、さっぱりヘルシーなポテトサラダのでき上り。

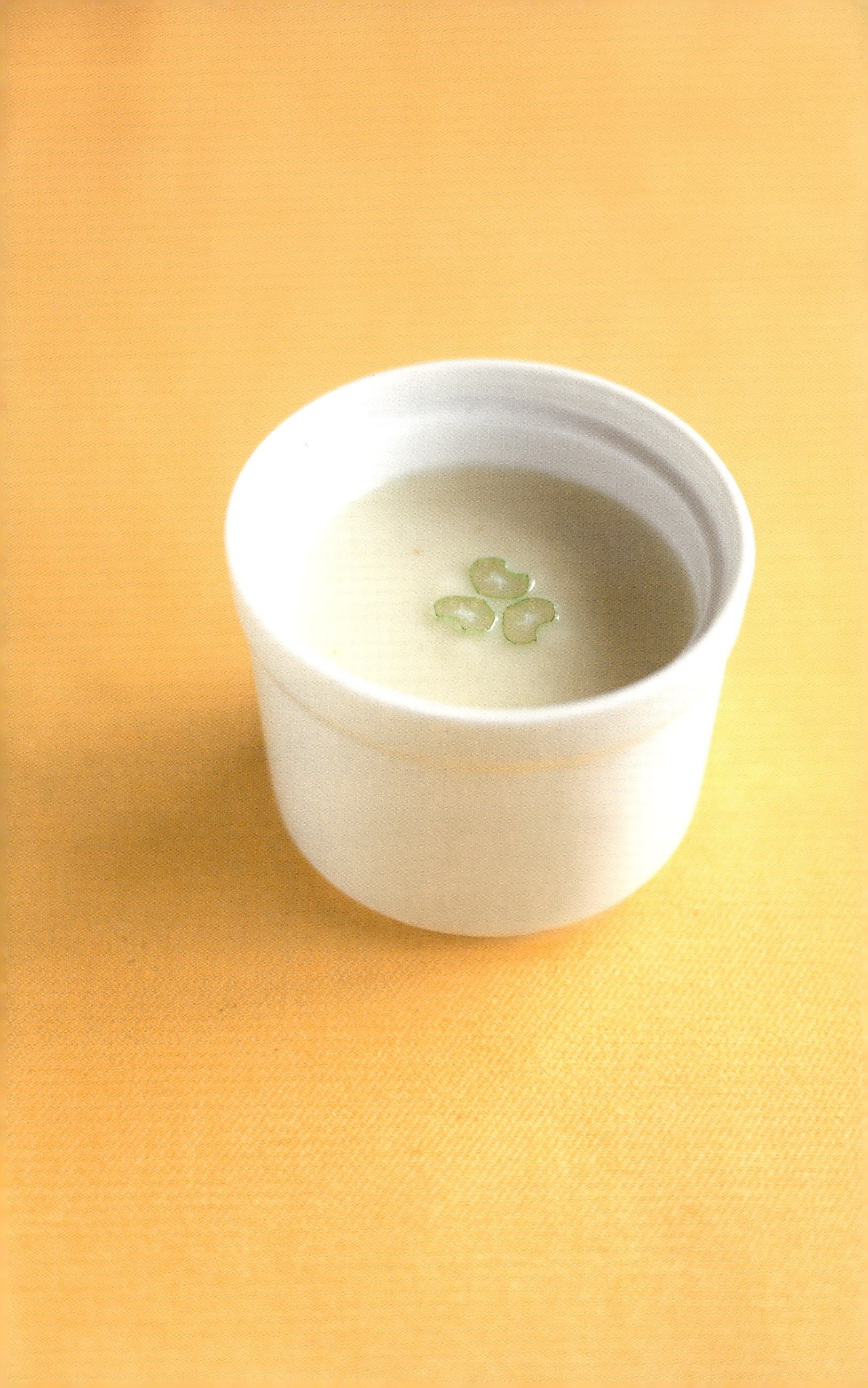

セロリのスープ

家族でセロリが好きなのは、私と母の2人だけ。セロリは案外きらわれ者ですね。シチューや炒め物にも少し入れるだけで格段においしくなるのに、セロリに気の毒です。私が働いていたレストランの厨房では、セロリの葉も入れてオリーブ油の量も多め、と二つの香りを強調していましたが、セロリの葉を取り、子どもにも無理なくおいしく食べられるように工夫しました。

材料 < 約4人分
セロリ > > > 1本
じゃがいも > > > 2個
玉ねぎ > > > 1個
ベーコン > > > 2枚
オリーブ油 > > > 大さじ2
水 > > > 600ml
コンソメスープのもと > > > 1個
塩、こしょう > > > 各適宜

1 > セロリは筋を取って2mm幅の薄切りにし、飾り用を少々とりおく。じゃがいもは5mm幅のいちょう切り、玉ねぎは2mm幅の薄切り、ベーコンは1cm幅に切る。
2 > 鍋にオリーブ油、セロリ、じゃがいも、玉ねぎを入れ、中火で炒める。
3 > 玉ねぎがしんなりしてきたらごく弱火にして10分炒め、ベーコンを加えて軽く炒める(この間、時々混ぜる程度でいい)。
4 > 分量の水を加えて沸騰したら、コンソメを加えて10分煮込む。
5 > ミキサーに1分ほどかけ、鍋に戻して温め、塩、こしょうで味を調える。器に盛って、薄切りのセロリを飾る。

スープが残ったら　セロリ風味の簡単ドリア　作り方は PAGE 75

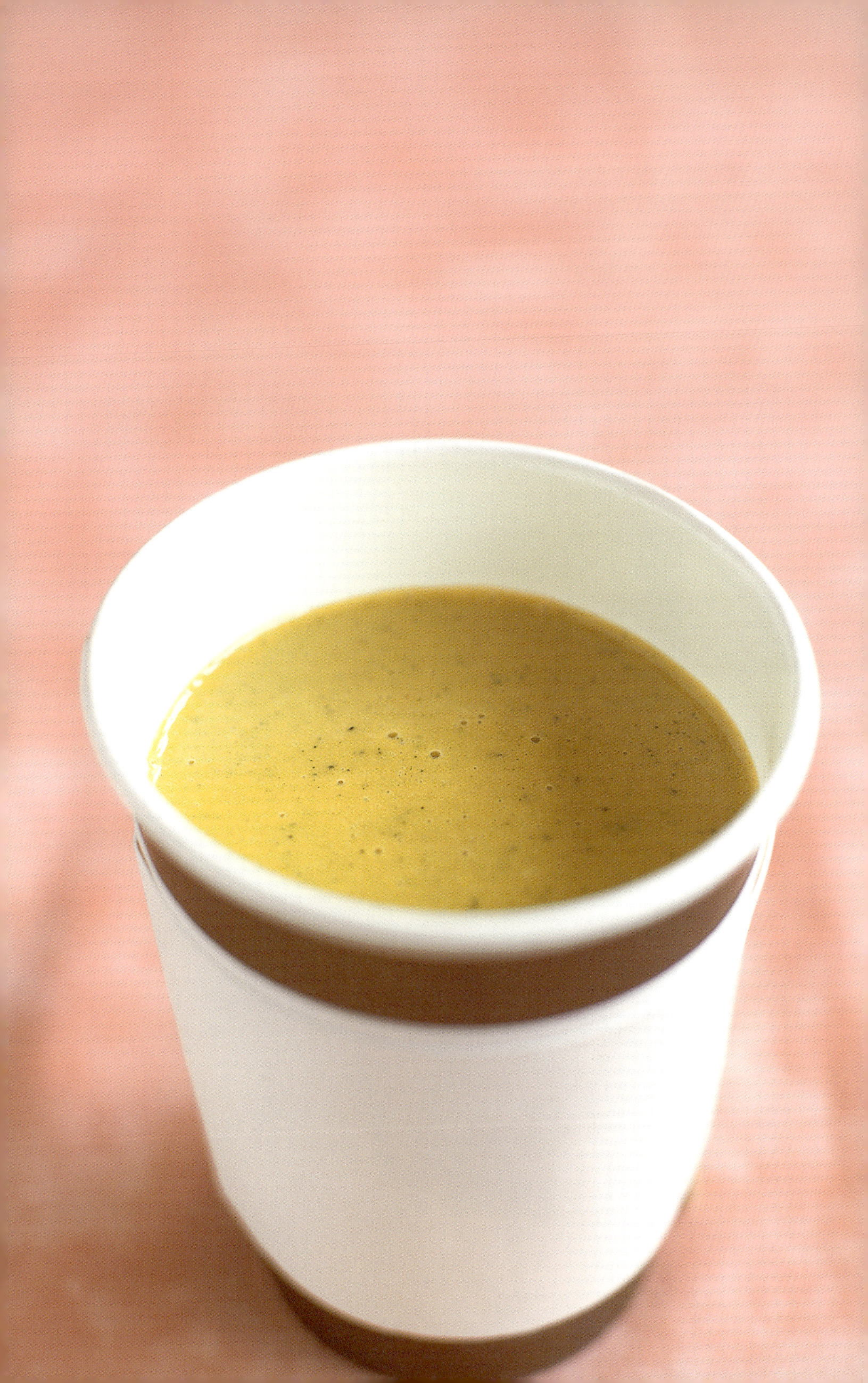

かぼちゃのスープ

かぼちゃのスープは皮をむけばきれいな色に仕上がりますが、皮にも栄養があるので、いつも皮ごとスープにしています。ママ友達に「生クリームを使うレシピがほとんどだけど、やっぱり入れないとだめかしら？」ときかれたことがきっかけで、生クリームは使わずに牛乳だけのレシピに。牛乳だけでも素材の甘さがよくわかって、これもまたおいしいのです。冷たくしても。

材料＜約4人分
かぼちゃ＞＞＞300g
玉ねぎ＞＞＞1個
バター＞＞＞30g
牛乳＞＞＞600ml
コンソメスープのもと＞＞＞1個
塩、こしょう＞＞＞各適宜

1＞かぼちゃは電子レンジで1分加熱してから5mm厚さに、玉ねぎは2mmの薄切にする。
2＞鍋にバターとかぼちゃ、玉ねぎを入れ、中火で炒める。
3＞玉ねぎがしんなりしてきたらごく弱火にして10分炒める（この間、時々混ぜる程度でいい）。
4＞牛乳を加え、煮立ってきたらコンソメを加えて混ぜ、ふたをしてごく弱火で5分煮込む。
5＞ミキサーに1分ほどかけて鍋に戻して温め、塩、こしょうで味を調える。

スープが残ったら　かぼちゃのライスコロッケ　小鍋にかぼちゃのスープお玉2杯分と茶碗1杯分のご飯を入れて混ぜ、火にかけてぽってりとするまで水分を飛ばします。好みで白いりごま大さじ1を加えて混ぜ、塩、こしょうをして粗熱を取ります。直径3cmほどに丸め、薄力粉、とき卵、パン粉の順に衣をつけ、中温の油で揚げます。ケチャップやソースをつけて。

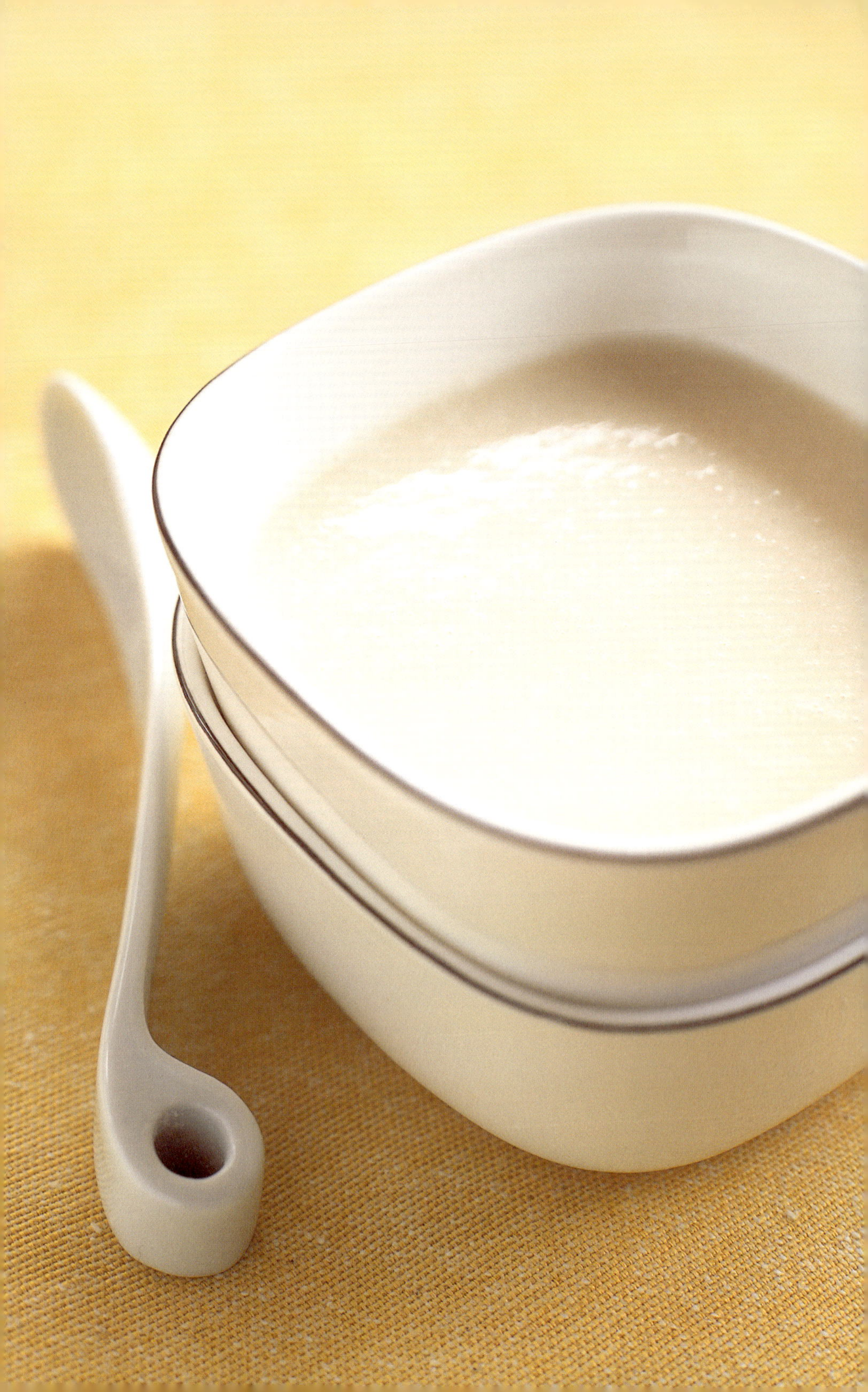

カリフラワーのスープ

カリフラワーは特にくせがあるわけでもないのに「あまり好きじゃない」「どうやって食べたらいいかわからないから買わない」という声をよく聞きます。そんな人にぜひ作ってほしいのが、このスープ。ほのかにカリフラワーの風味がして、上品で飲みやすい味です。私は朝食に、甘いデニッシュやクロワッサンとこのスープの組合せが大好き。暑いときは冷たくしても、のどごしがよく体にすっと入っていきます。

材料＜約4人分
カリフラワー＞＞＞ ½個
玉ねぎ＞＞＞ ½個
バター＞＞＞ 20g
水＞＞＞ 400ml
コンソメスープのもと＞＞＞ 1個
牛乳＞＞＞ 200ml
塩、こしょう＞＞＞ 各適宜

1＞ カリフラワーは房ごとに分け、大きいものは半分に切る。玉ねぎは2mm幅の薄切りにする。
2＞ 鍋にバターと玉ねぎを入れ、中火で炒める。玉ねぎがしんなりしてきたらごく弱火にして10分炒める(この間、時々混ぜる程度でいい)。
3＞ 分量の水とカリフラワーを加え、沸騰したらコンソメを加えて5分煮込む。
4＞ 牛乳と一緒にミキサーに1分ほどかけ、鍋に戻して温め、塩、こしょうで味を調える。

スープが残ったら　カリフラワーの簡単リゾット　温めたカリフラワーのスープ1人分に、粗みじん切りにした玉ねぎ¼個分を入れてやわらかくなるまで弱火で煮ます。茶碗1杯分のご飯を入れて混ぜ、好みのとけるチーズを適量加え、ぼってりしたかたさになればでき上り。玉ねぎとカリフラワーのほっとするやさしい味。ボリュームを出したいときはベーコンなどを入れてもいいですね。

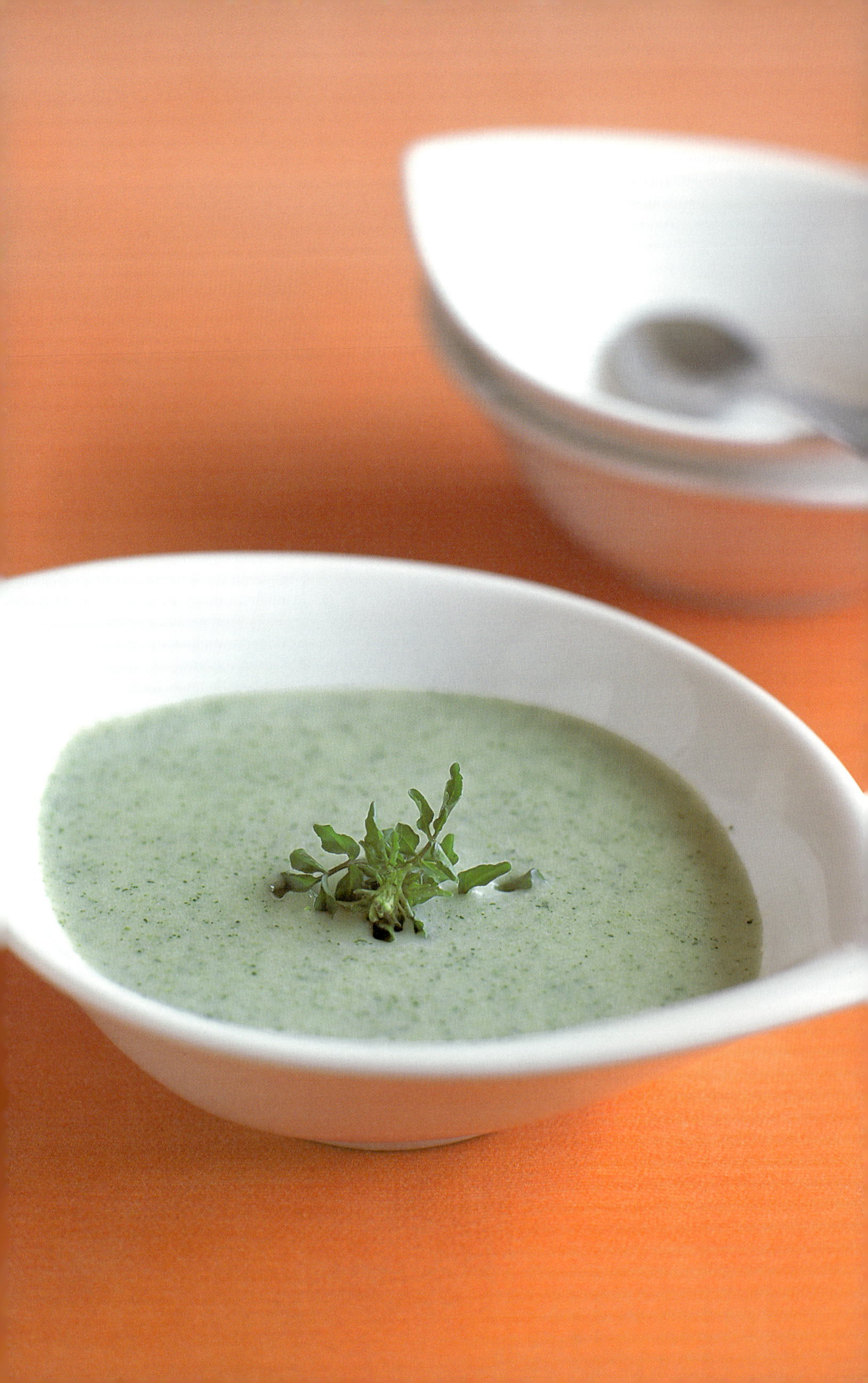

クレソンのスープ

一昔前、クレソンはステーキの添え物という感じでしたが、今ではクレソンだけでサラダにするほど好きな人も多いですね。でも家族でほろ苦さがあるクレソンをそのまま食べられるのは私だけ。栄養があるものは家族にたくさん食べてほしいから、それにはやっぱりスープが一番。うちの家族は皆、これおいしいけどなぁに？と不思議そうに飲んでいます。夏は冷たくして飲むことも。

材料 < 約4人分
クレソン > > > 2束(100g)
玉ねぎ > > > 1個
バター > > > 30g
薄力粉 > > > 大さじ1
水 > > > 500ml
コンソメスープのもと > > > 1個
牛乳 > > > 200ml
塩、こしょう > > > 各適宜

1 > クレソンは茎と葉に分けて切り、それぞれ半分に切る。飾り用を少々とりおく。玉ねぎは2mm幅の薄切りにする。
2 > 鍋にバターと玉ねぎ、クレソンの茎の部分を入れ、中火で炒める。玉ねぎがしんなりしてきたら、ごく弱火にして5分炒める。
3 > クレソンの葉を加えてしんなりするまで中火で炒め、薄力粉を加えて粉気がなくなるまで炒める。
4 > 分量の水を加え、沸騰したらコンソメを加えて5分煮る。
5 > 牛乳と一緒にミキサーに1分ほどかける。鍋に戻して温め、塩、こしょうで味を調える。器に盛り、クレソンを飾る。

スープが残ったら **クレソンのパスタ** 作り方は PAGE 77

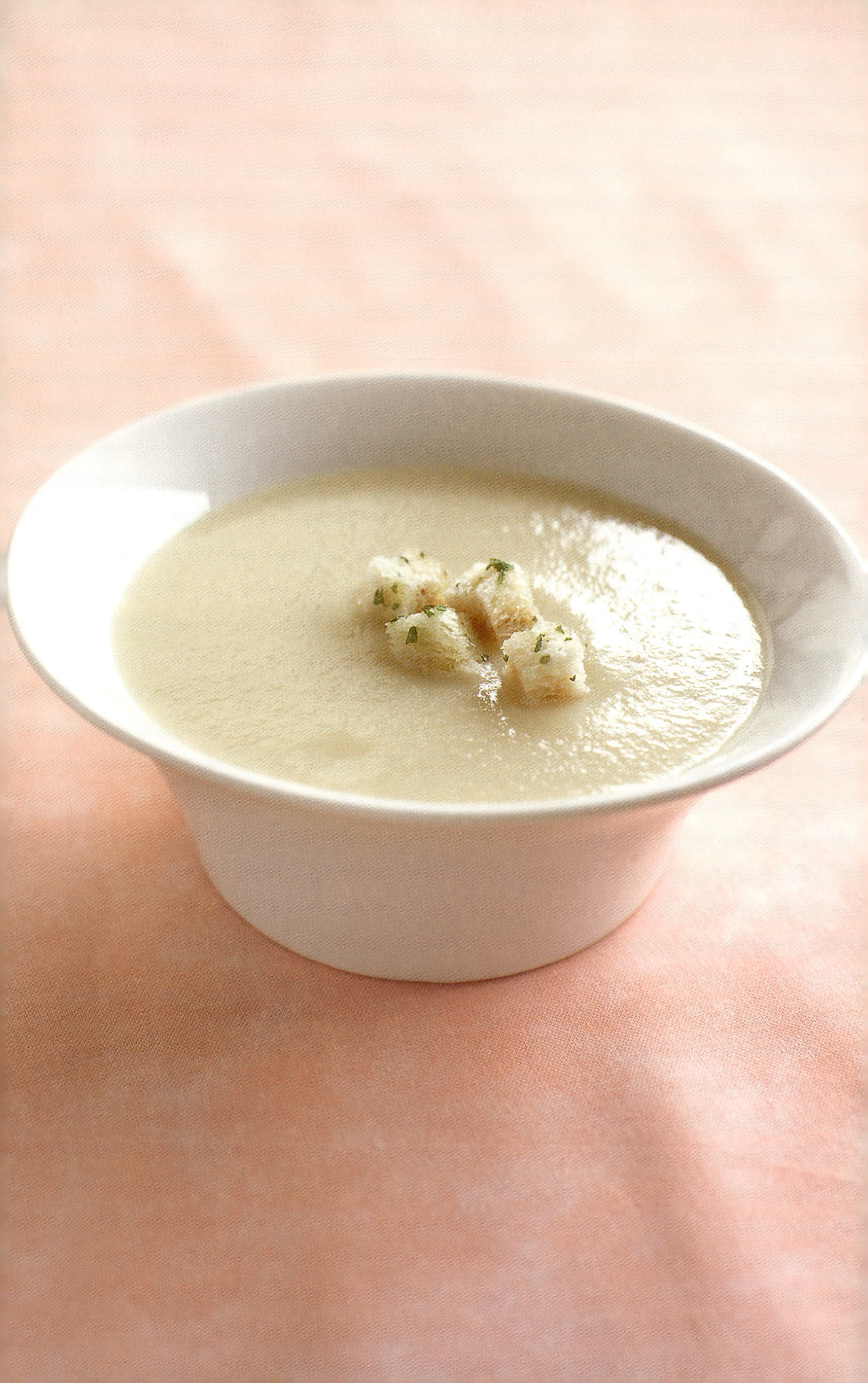

りんごとじゃがいものスープ

レストランの厨房で働いていたとき、「ここにある材料を好きに使っていいから」と任された昼ご飯。でも、何度見ても冷蔵庫にあるのはフルーツだけ。困っていると先輩から「りんごでスープでも作れば?」とうれしい助け船。りんごの甘さとほどよい酸味がとても飲みやすいこのスープは、いつも「おかわりある?」ときかれるから、レシピもちょっと多めの4人分。翌日はもっとおいしくなりますよ。

材料 < 約4人分
りんご > > > 2個
じゃがいも > > > 2個
玉ねぎ > > > 1個
バター > > > 40g
水 > > > 700ml
コンソメスープのもと > > > 1個
塩、こしょう > > > 各適宜

1 > りんごは皮つきのまま8等分して芯を取り、2mm厚さのいちょう切りにする。じゃがいもは5mm厚さの半月切りに、玉ねぎは2mmの薄切りにする。
2 > 鍋にバター30gとりんご、じゃがいも、玉ねぎを入れ、中火で炒める。
3 > 玉ねぎがしんなりしてきたら、ごく弱火にして10分炒める(この間、時々混ぜる程度でいい)。
4 > 分量の水を加え、沸騰したらコンソメを加えて5分煮込み、火を止めて残りのバター10gを混ぜる。
5 > ミキサーに1分ほどかけ、鍋に戻して温め、塩、こしょうで味を調える。器に盛り、好みで簡単クルトン(PAGE 79)を飾る。

スープが残ったら　デザートパングラタン　耐熱容器に2cm厚さの輪切りにしたフランスパン2枚を並べ、りんごとじゃがいものスープお玉1杯分をかけてパンに吸わせます。表面にグラニュー糖小さじ1をかけ、オーブントースターで軽く焦げ目がつくまで焼くだけ。りんごのほどよい酸味と甘さが砂糖ともよく合って、おやつはもちろん、離乳食にも大活躍しました。

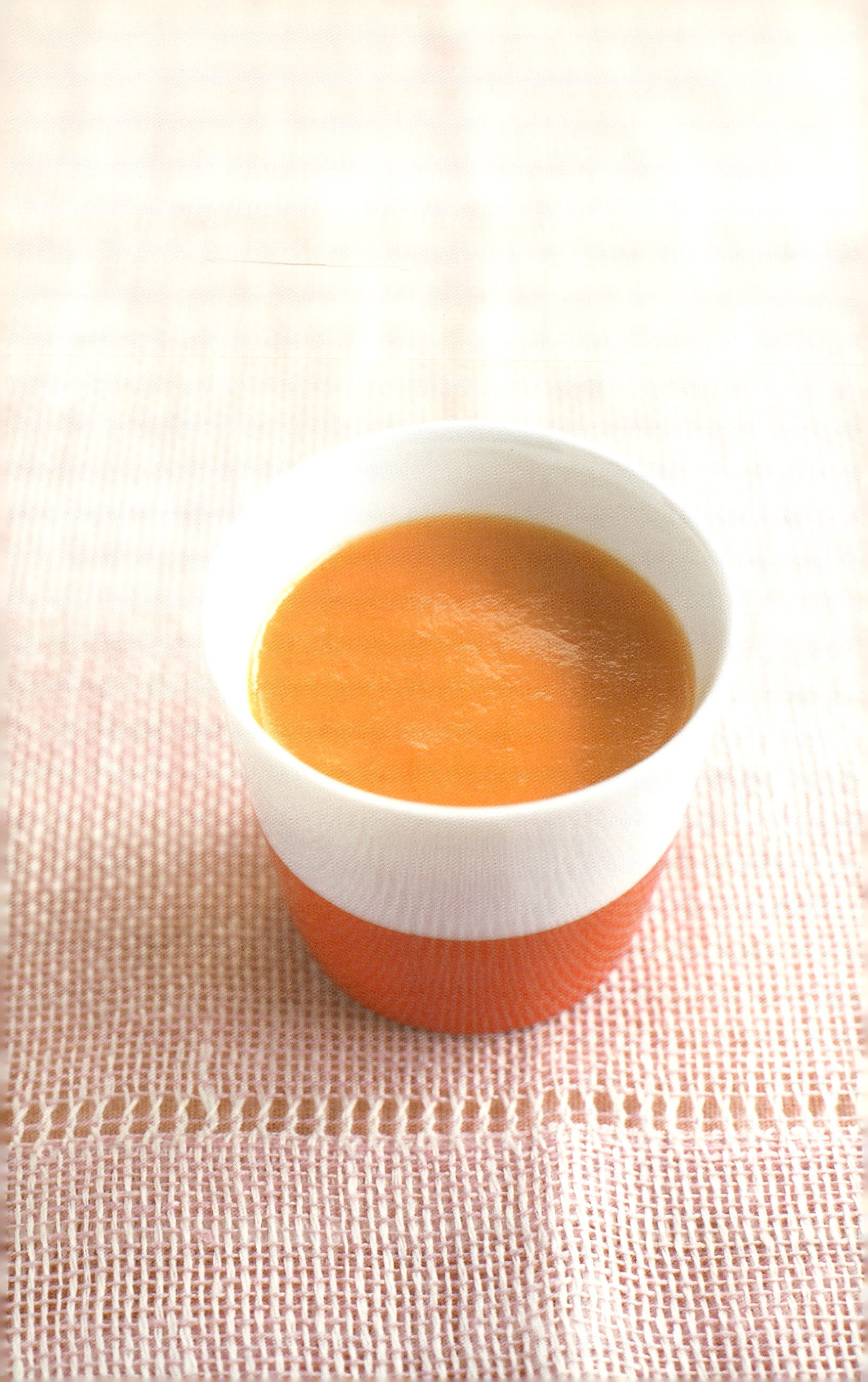

赤パプリカのスープ

パプリカを炒めて甘さと味の深みを出したこのスープは、教室でも大好評。野菜の自然な甘さが子どもにも人気ですが、これにタバスコを加えると、主人も「入れると全然違うね」と言うくらい、辛さがアクセントになって、また違ったおいしさになります。子どもがいると辛いものは食べられないと思い込みがちですが、いただくときに辛みのスパイスを加えるなどすれば、大人の味に(PAGE 79)。夏は冷やしてもおいしくいただけます。

材料 < 約4人分
赤パプリカ > > > 2個
じゃがいも > > > 2個
玉ねぎ > > > ½個
バター > > > 30g
水 > > > 800ml
コンソメスープのもと > > > 1個
塩、こしょう > > > 各適宜

1 > パプリカは縦半分に切って種を取り、1cm幅に切る。じゃがいもは5mm厚さの半月切りに、玉ねぎは2mm幅の薄切りにする。
2 > 鍋にバターとパプリカ、じゃがいも、玉ねぎを入れ、中火で炒める。
3 > 玉ねぎがしんなりしてきたらごく弱火にして10分炒める(この間、時々混ぜる程度でいい)。
4 > 分量の水を加え、沸騰したらコンソメを加えて10分煮込む。
5 > ミキサーに1分ほどかけて鍋に戻して温め、塩、こしょうで味を調える。

スープが残ったら **赤パプリカのスープかけご飯** 茶碗1杯分のご飯をバター大さじ1で炒め、みじん切りのパセリ大さじ2を加え、軽く塩、こしょうします。小鍋に赤パプリカのスープ1人分を温め、むきえび50gを加え、火が通ったらご飯にかけていただきます。ご飯はバターライスのほか、薄切りにしたにんにくをバターで一緒に炒めて、ガーリックライスにしてもいいですね。

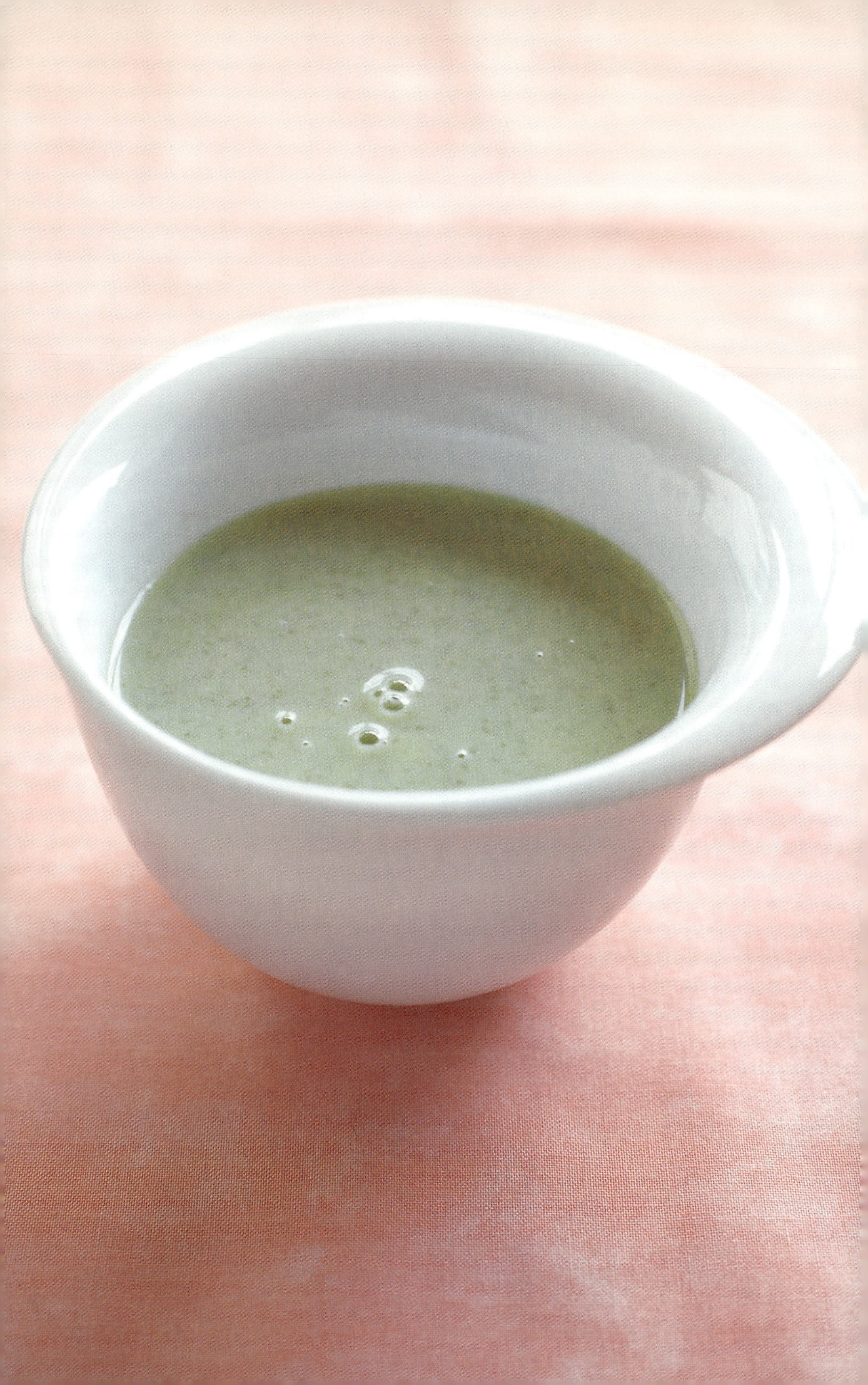

枝豆のスープ

このスープを作りはじめたのは、子どもに豆類をたくさん食べてほしくて。特に小さいうちは豆を丸飲みしないよう、軽くつぶさないといけないので面倒ですね。洋風もいいですが、ここでは枝豆と相性のいい昆布だしで和風にしました。それにヨーグルトを入れたらどんな味になるの？と思うかもしれませんね。母も最初は驚いていましたが、飲んで納得。「ちょっと加えるだけですごくまろやかな味になるのね」と何度も味見していました。冷たくしても。

材料 < 約4人分
枝豆 > > > 400g（正味200g）
玉ねぎ > > > ½個
サラダ油 > > > 大さじ１
水 > > > 700ml
昆布（5cm長さ）> > > 3〜4枚
ヨーグルト（無糖）> > > 大さじ½
塩、こしょう > > > 各適宜

1 > 水500mlに昆布を入れて１時間浸す。枝豆は塩ゆでにし、さやから豆を出す。玉ねぎは2mmの薄切りにする。
2 > 鍋にサラダ油と玉ねぎを入れ、中火で炒める。
3 > 玉ねぎがしんなりしたら弱火にして５分炒め、昆布を浸した水を昆布ごと加える。
4 > 沸騰したら昆布を取り出し、枝豆を加えて５分煮込む。
5 > 水200mlを足し、ミキサーに１分ほどかける。
6 > 鍋に戻して温め、ヨーグルトを加えて、塩、こしょうで味を調える。

スープが残ったら 枝豆冷やしうどん 冷たくした枝豆のスープをうどんのつけだれで倍量ほどに割り、冷やしうどんをつけていただきます。つるつるっと食べるたびにほのかに豆の風味がして、これがたまりません。ねぎなどの薬味を入れてもいいですが、豆の風味をより楽しむのならそのままで。同様に、そうめんのたれにしても。

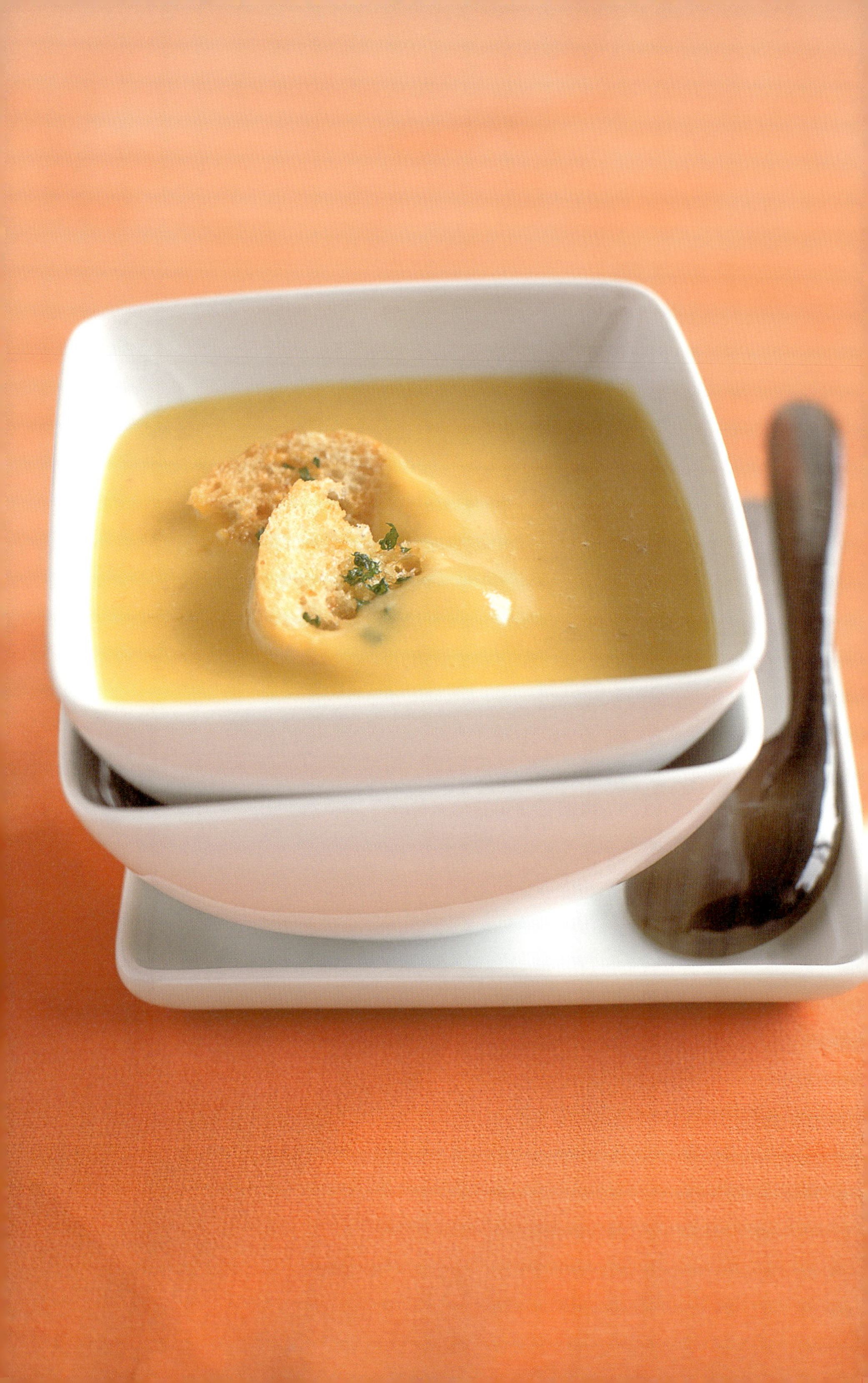

野菜のマイルドスープ

野菜ぎらいの友人が「これおいしい！ これならおいしく飲める」と言った、くせのないとても飲みやすいスープ。野菜をバランスよくミックスして、さらにベーコンのこくを加えたから。このスープでにんじんが好きになったと言われると、うれしくてたまりません。今度は何の野菜を入れてみようかな、とすぐに考えてしまいます。

材料 < 約4人分
じゃがいも ＞＞＞ 2個
にんじん ＞＞＞ 1本
玉ねぎ ＞＞＞ ½個
ベーコン ＞＞＞ 2枚
バター ＞＞＞ 30g
水 ＞＞＞ 600ml
コンソメスープのもと ＞＞＞ 1個
塩、こしょう ＞＞＞ 各適宜

1 ＞ じゃがいもは皮をむいて5㎜厚さの半月切りに、にんじんはよく洗い、皮つきのまま2㎜厚さの半月切りにする。玉ねぎも2㎜の薄切りにする。ベーコンは1㎝幅に切る。
2 ＞ 鍋にバターとじゃがいも、にんじん、玉ねぎを入れ、中火で炒める。
3 ＞ 玉ねぎがしんなりしてきたら弱火にして5分炒め、ベーコンを加えて2〜3分炒める。
4 ＞ 分量の水を加えて強火にし、沸騰したらコンソメを入れて、弱火で10分煮込む。
5 ＞ ミキサーに1分ほどかけ、鍋に戻して温め、塩、こしょうで味を調える。器に盛り、好みでガーリックラスク（PAGE 79）を飾る。

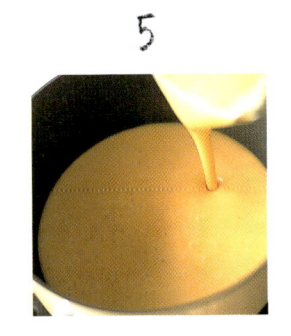

スープが残ったら 簡単野菜ドリア　茶碗2杯分のご飯を耐熱容器に入れます。小鍋に野菜のマイルドスープ1人分を温め、ピザ用チーズ½カップを加えて混ぜます。とろみがついたらご飯にかけ、パン粉を散らしてオーブントースターで焦げ目がつくまで焼きます。好みでパセリのみじん切り適量をスープに加えても。

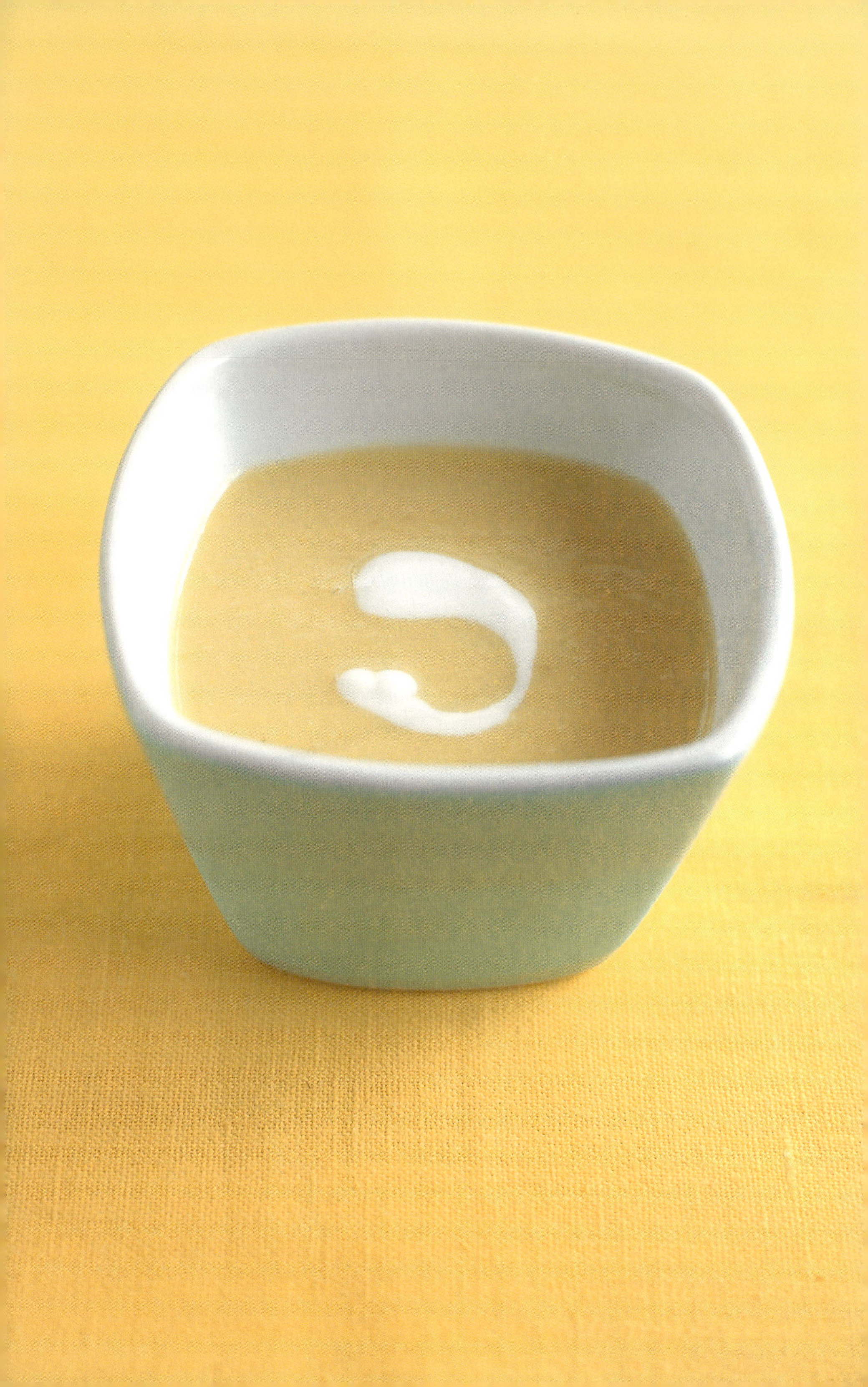

とうもろこしの冷たいスープ

冷凍のコーンで手軽に作るのも魅力ですが、生が出回る時期は、ぜひ生で作ってみてください。やさしい甘みは格別の味です。うちでは生が出回る時期になると、必ず作る一品ですし、とうもろこしがきらいな人はまずいないので、お客さまにもよくお出しします。ポイントは新鮮なとうもろこしを使うこと。甘みが違います。一晩おくとさらに味に深みが増します。温かくしてもおいしい。

材料 < 約4人分
とうもろこし > > > 2本
玉ねぎ > > > 1個
バター > > > 20g
水 > > > 700ml
塩 > > > 適宜

1 > とうもろこしは粒を包丁でそぎ落とす。玉ねぎは2mmの薄切りにする。
2 > 鍋にバターと玉ねぎを入れて中火にかけ、しんなりするまで炒める。
3 > とうもろこしを加えて軽く炒め、分量の水を加えて20分煮込んで、塩で味を調える。
4 > ミキサーに1分ほどかけてストレーナーでこし、ボウルに移して粗熱を取る。冷蔵庫で冷たく冷やし、器に盛り、好みでヨーグルトをかける。（冷凍コーン使用の場合はヨーグルト大さじ3杯を混ぜるとよりおいしい）

スープが残ったら　コーンポテトサラダサンド　作り方は PAGE 76

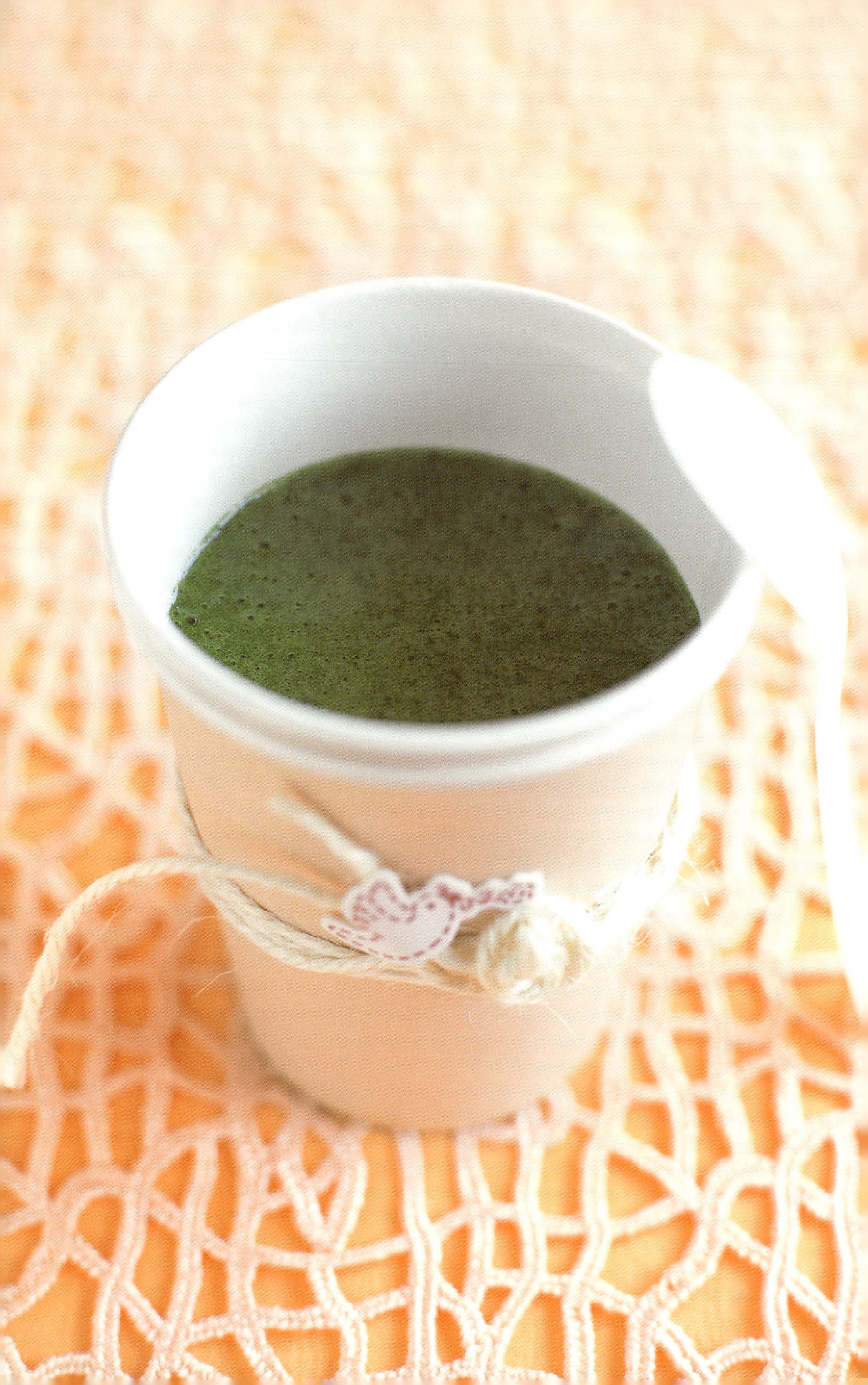

モロヘイヤの冷たいスープ

私がキッチンに立つと主人は必ず「何作るの?」とききますが、この青汁のような色を見たときは知らん顔。でも昔から母だけはどんなに変わったものを作っても「味見したい!」と言ってくれるからうれしい。母の「あ、おいしい。だしがきいていて飲みやすいわね」この一言で皆が飲みだします。だしは濃いめにとるのがポイント。だしのもとでもかまいませんが、昆布とかつお節でとるだしは、やはりおいしい! お好みで温かくしても。

材料 < 約4人分
モロヘイヤ > > > 2束
和風だし汁 > > > 340ml
しょうゆ > > > 大さじ1⅓

1 > モロヘイヤは軸を取り除き、葉の部分だけをさっとゆでる。ざるにあけて水にさらし、水気を軽く絞る。
2 > ミキサーにだし汁とモロヘイヤを入れて、1分ほどかける。
3 > ボウルにとって、しょうゆで味を調える。冷蔵庫で冷たくしても。

和風だし汁(でき上り約680ml)
昆布5cm長さ3枚を水600mlに1時間浸し、鍋に入れて強火にかける。
沸騰したら火を止めて昆布を取り出し、水100mlを加え、削りがつお20gを入れる。
5分ほどおいて、ざるにキッチンペーパーを敷いてこす。

スープが残ったら モロヘイヤの麦とろご飯 作り方は PAGE 75
モロヘイヤそうめん モロヘイヤの冷たいスープを、そうめんのたれで倍量ほどに割って刻みねぎを適量加え、そうめんをつけていただきます。のどごしがいいので、ついたくさん食べてしまいます。同様に、冷やしうどんのつけだれにしても。

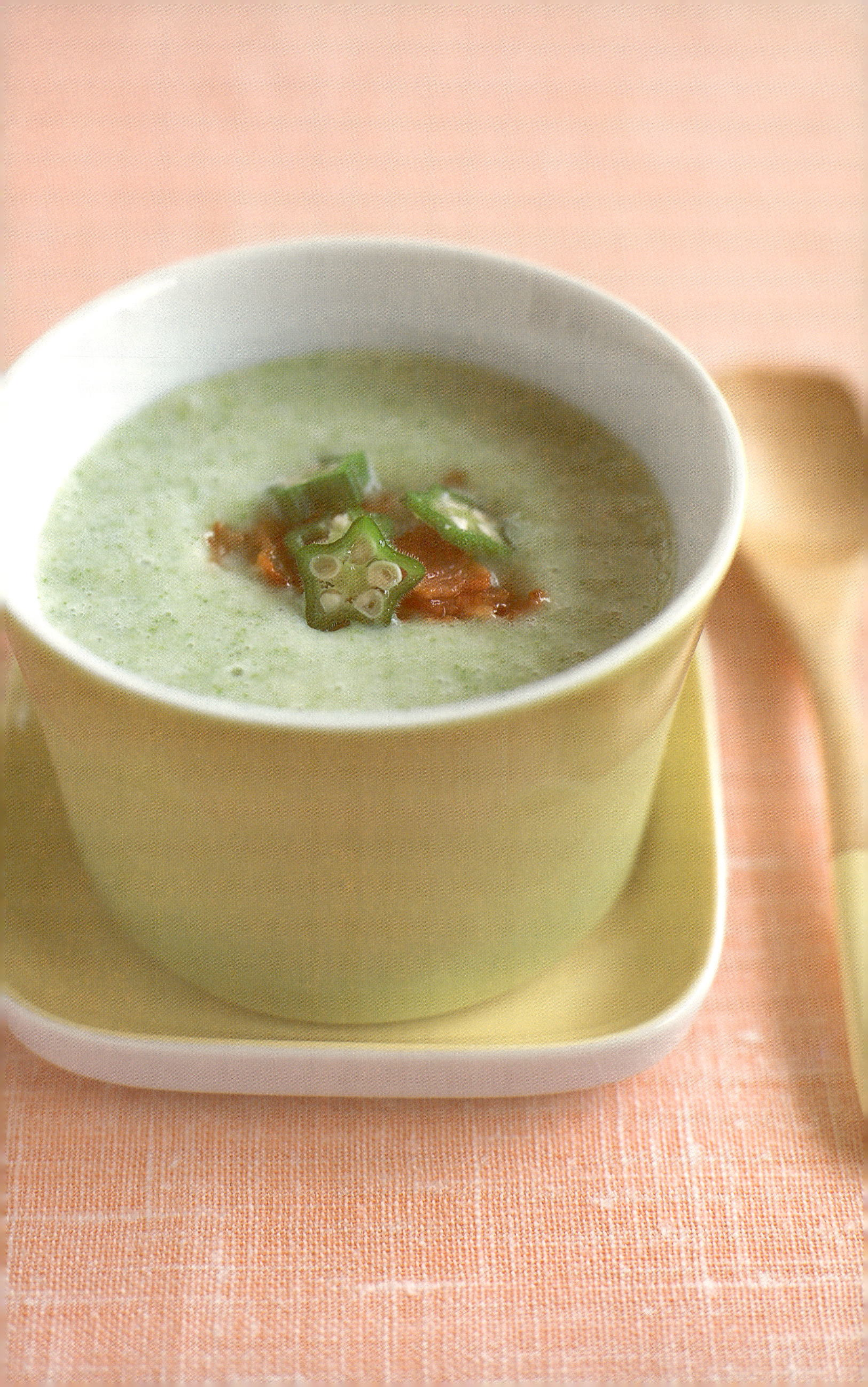

オクラの冷たいスープ

「今日はオクラのスープを作ります」と料理教室で言ったとたん、シーンとしたことがありました。いつもは「わぁ、おいしそう」と声があがるのに、オクラのスープは想像がつかなかったのでしょうね。でも飲んだ瞬間、「おいしい！　今日帰ったらすぐ作ります」の声を聞いてほっとしました。オクラの種を取る手間はなく、オクラの粘りが適度なとろみになる、ちょっと珍しいこのスープ。ぜひお試しください。

材料＜ 約4人分
オクラ＞＞＞20本
玉ねぎ＞＞＞1個
ベーコン＞＞＞60g
バター＞＞＞30g
水＞＞＞500ml
コンソメスープのもと＞＞＞1個
牛乳＞＞＞300ml
塩＞＞＞適宜

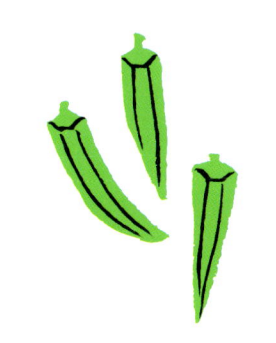

1 ＞ オクラはゆでて約1cm幅の小口切りにし、飾り用の薄切りを少々とりおく。玉ねぎは2mm幅の薄切りにする。ベーコンは1cm幅に切る。
2 ＞ 鍋にバターとベーコンを入れて中火で炒め、ベーコンの脂が出てかりかりになったら取り出し、玉ねぎを加えてしんなりするまで炒める。
3 ＞ 分量の水を加えて強火にし、沸騰したらコンソメを加える。弱火で10分煮込み、オクラを加える。
4 ＞ 一煮立ちしたら、牛乳と一緒にミキサーに1分ほどかける。
5 ＞ ボウルに移して塩で味を調え、粗熱が取れたら冷蔵庫で冷やす。いただくときに2のベーコンを電子レンジで軽く温め、薄切りのオクラとともに飾る。

スープが残ったら　**オクラの冷製パスタ**　細めのパスタ90gをゆで、水で洗ってボウルに入れます。オリーブ油大さじ1をからめてから、オクラのスープ200mlであえ、塩、こしょうで味を調えます。パルメザンチーズをかけてもいいし、あっさりがお好みなら刻んだ万能ねぎやみょうがをかけて。オリーブ油とオクラの相性は抜群！　きっとオクラのイメージが変わるはずです。

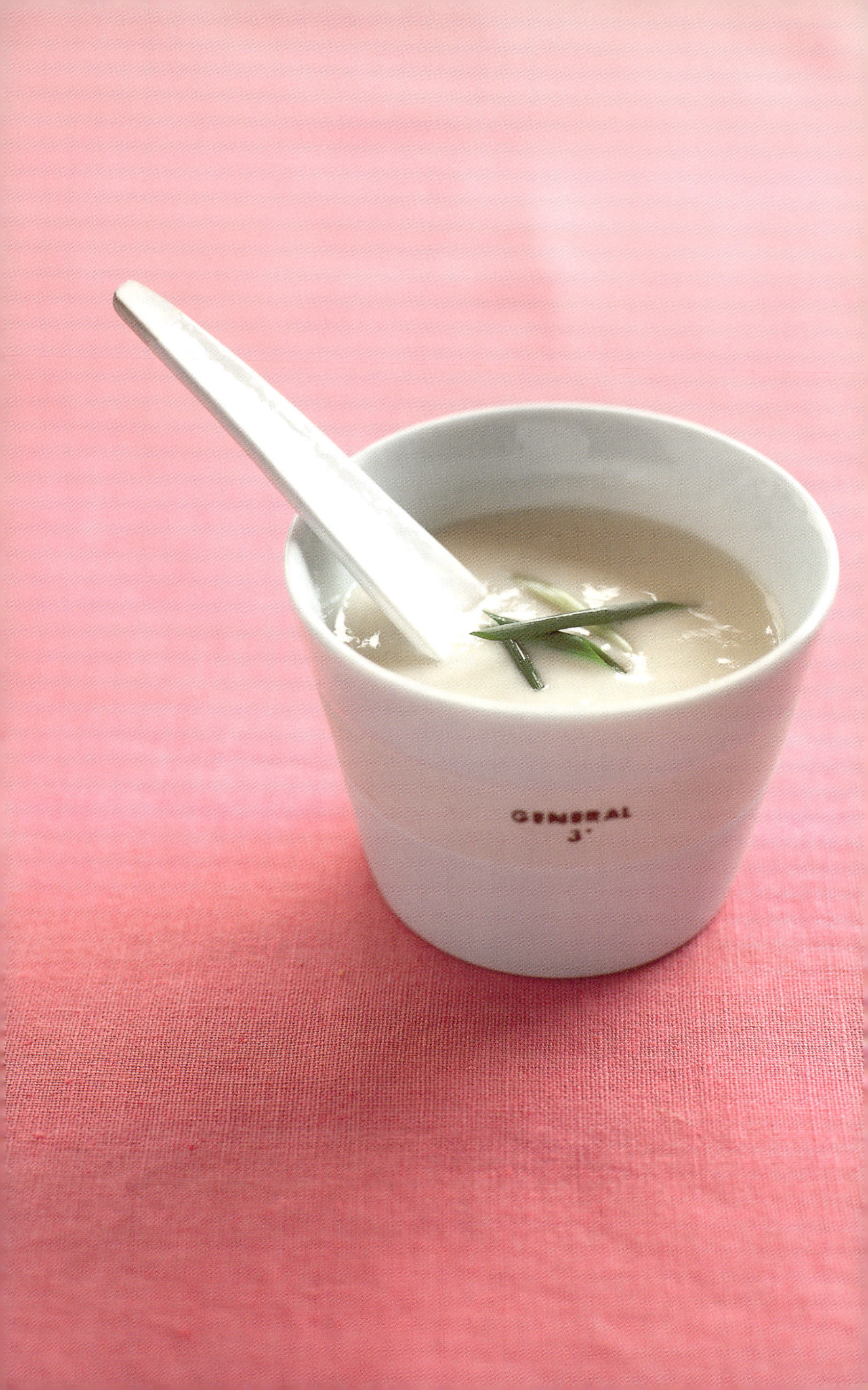
GENERAL
3"

じゃがいもの冷たいスープ

ヴィシソワーズとも呼ばれるこのじゃがいものスープは、本来は西洋ねぎを使いますが、子どもが大好きなのでもっと手軽に作りたい、そう思って玉ねぎで作りはじめました。玉ねぎを弱火で炒めるとじわじわ甘みが出て、充分おいしいスープが作れます。とてもやさしい味で、また冷たくして飲むから夏バテぎみのときにもぴったり。元気が出ます。

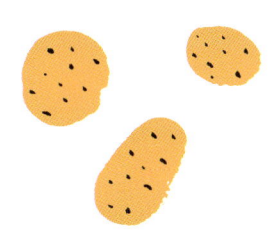

材料＜約4人分
じゃがいも ＞＞＞ 2個
玉ねぎ ＞＞＞ 1個
バター ＞＞＞ 30g
水 ＞＞＞ 450ml
コンソメスープのもと ＞＞＞ 1個
牛乳 ＞＞＞ 230ml
塩、こしょう ＞＞＞ 各適宜

1 ＞ じゃがいもは5mm厚さの半月切り、玉ねぎは2mm厚さの薄切りにする。
2 ＞ 鍋にバターとじゃがいも、玉ねぎを入れ、中火で炒める。
3 ＞ 玉ねぎがしんなりしてきたらごく弱火にして10分炒める（この間、時々混ぜる程度でいい）。
4 ＞ 分量の水を加えて強火にし、沸騰したらコンソメを加えて弱火で10分煮込む。
5 ＞ 牛乳と一緒にミキサーに1分ほどかけ、ボウルに移して、塩、こしょうで味を調える。粗熱を取り、冷蔵庫で一晩ねかせる。器に盛り、好みで万能ねぎを飾る。

スープが残ったら　変りフレンチトースト　卵1個とじゃがいものスープお玉1杯分を混ぜ合わせたものに、食パン2枚、またはフランスパン2cm厚さ4枚を浸します。フライパンにバター大さじ1を入れて弱火で両面を焼くだけ。ケチャップをかけていただきます。フレンチトーストは甘いものが一般的ですが、オムレツを食べているようなやさしいこの甘さもくせになる味です。

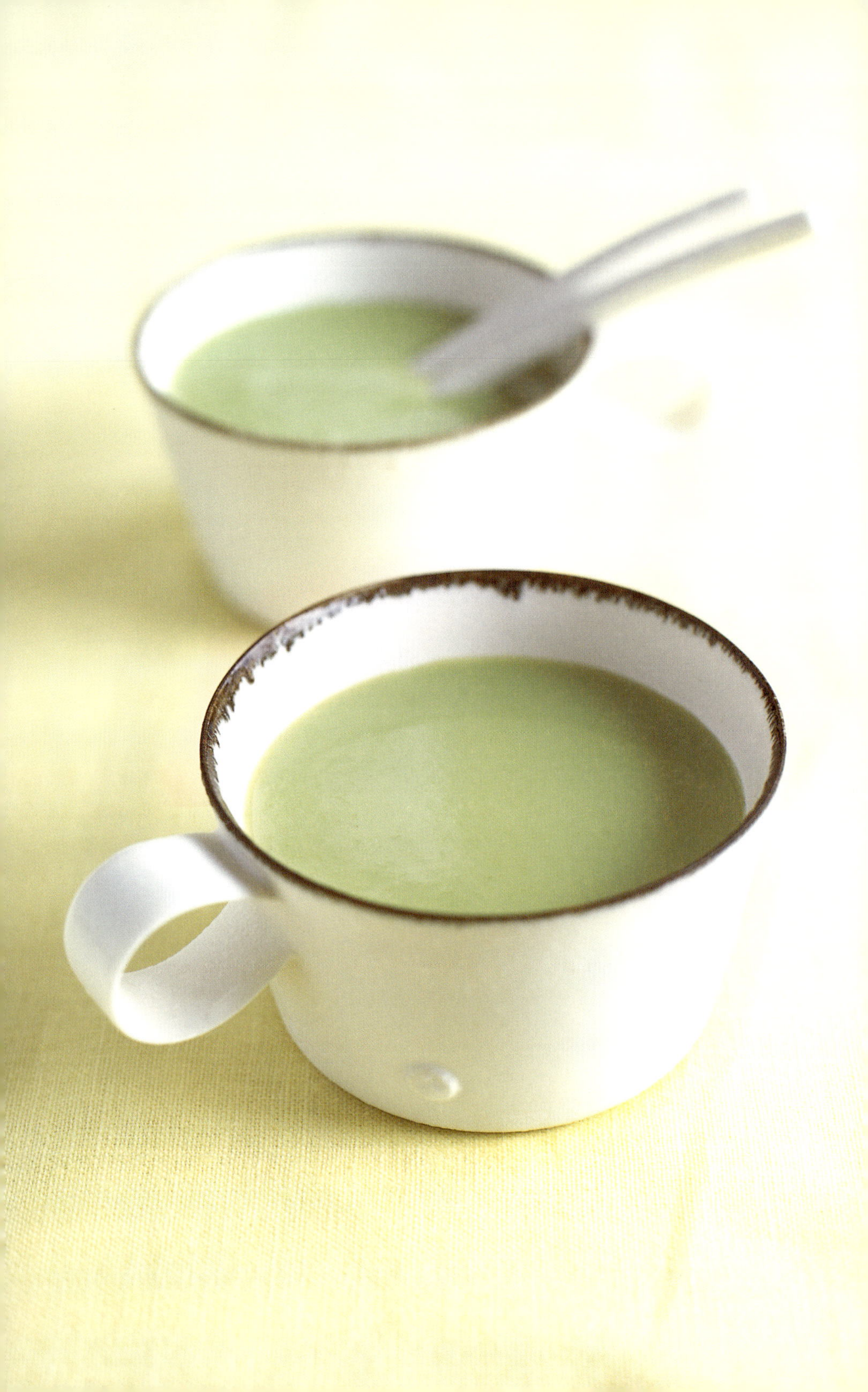

アスパラの冷たいスープ

「アスパラはゆで汁に栄養があるから、ゆで汁をおみそ汁にしているのよ」と友人から聞き、それならゆで汁すべてをスープにしようと思ったのがきっかけ。アスパラガスの上品な味わいが自慢のこのスープは、できるだけ色をきれいに仕上げたいですね。細いアスパラガスのほうが色はきれいですが、甘みは太いほうが強いので、できるだけ両方買うようにしています。

材料 < 約4人分
アスパラガス > > > 3束(250g)
玉ねぎ > > > 1個
じゃがいも > > > 1個
バター > > > 30g
水 > > > 700ml
コンソメスープのもと > > > 1個
塩、こしょう > > > 各適宜

1 > アスパラガスは1cm幅の小口切り、じゃがいもは5mm厚さの半月切り、玉ねぎは2mmの薄切りにする。
2 > 鍋にバターとじゃがいも、玉ねぎを入れ、中火で炒める。
3 > 玉ねぎがしんなりしてきたらごく弱火にして10分炒める（この間、時々混ぜる程度でいい）。
4 > 分量の水を加えて強火にし、沸騰したらコンソメ、アスパラガスを加えて弱火で5分煮込む。
5 > ミキサーに1分ほどかけてボウルに移し、塩、こしょうで味を調える。粗熱を取り、冷蔵庫で一晩ねかせる。

スープが残ったら　アスパラのパンプディング　作り方はPAGE 76

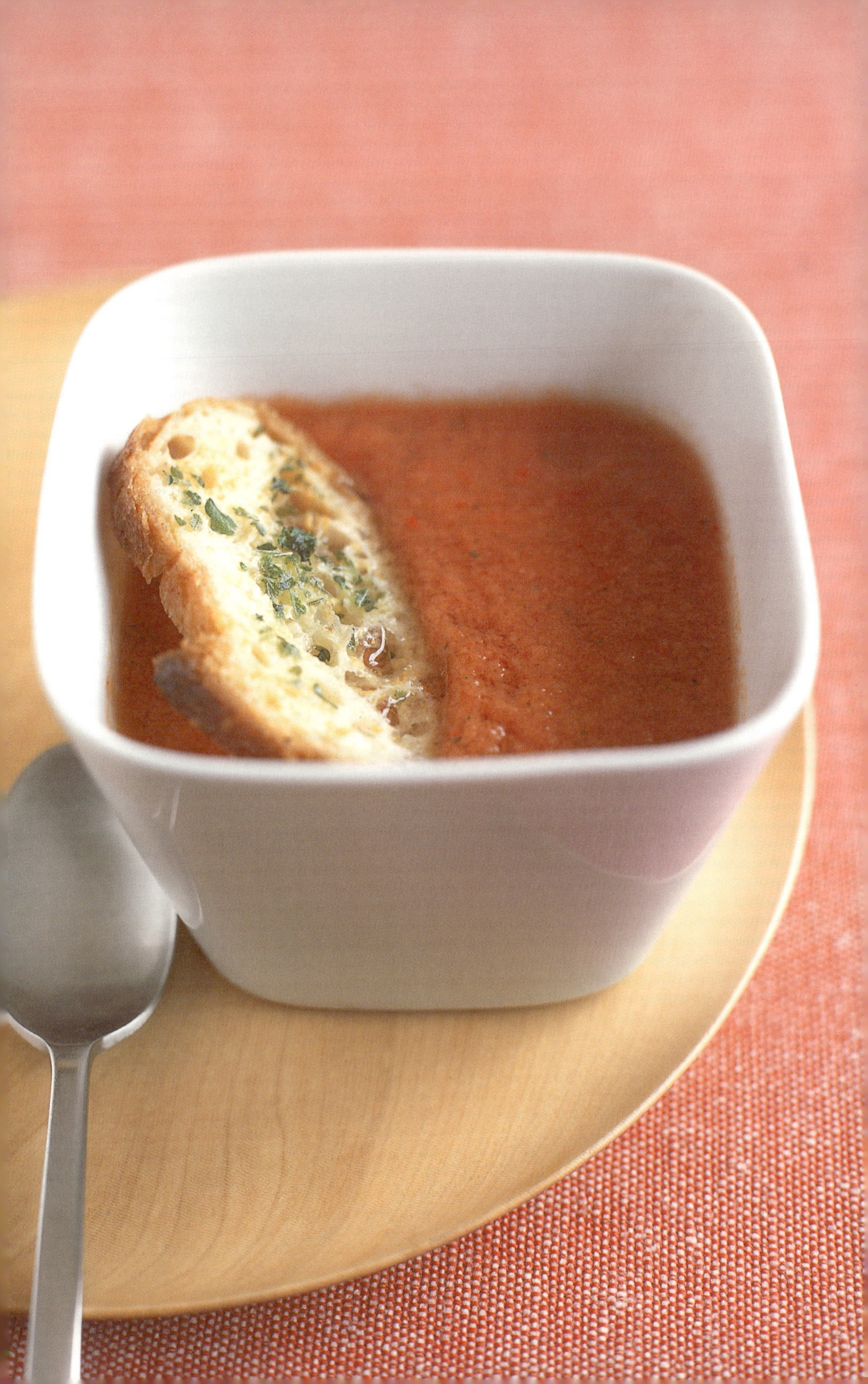

トマトの冷たいスープ

ガスパチョと呼ばれる、トマトベースのスペインのスープ。わが家では子どもが飲みやすいように、赤パプリカの量を多くして酸味をやわらげました。火を使わずに簡単にできる、夏にうれしい簡単スープ。好みでワインビネガーやトマトを足して酸味を出したり、オリーブ油を足して香りを強調したり、好みにアレンジしてみてくださいね。

材料 < 約4人分
トマト > > > 2個（400g）
赤パプリカ > > > 1個
玉ねぎ > > > ½個
きゅうり > > > 10cm長さ
にんにく（小） > > > 1かけ
トマトジュース > > > 200ml
オリーブ油 > > > 40ml
白ワインビネガー > > > 小さじ2
塩、こしょう > > > 各適宜

1 > トマトは横半分に切り、スプーンで種を取ってざく切りにする。きゅうりは縦半分に切って同様に種を取り、2〜3cm長さに切る。赤パプリカは種を取って一口大に切る。玉ねぎは2mm幅の薄切りにして水にさらし、ざるにあけて水気をきる。にんにくは縦半分に切って芯を取り除く。
2 > 1の野菜とトマトジュース、オリーブ油、ワインビネガーをミキサーに入れ、1分ほどかける。
3 > ボウルに戻し、塩、こしょうで味を調え、冷蔵庫で冷やす。器に盛り、好みでガーリックラスク（PAGE 79）を飾る。

スープが残ったら　トマト味の冷製パスタ　作り方は PAGE 77

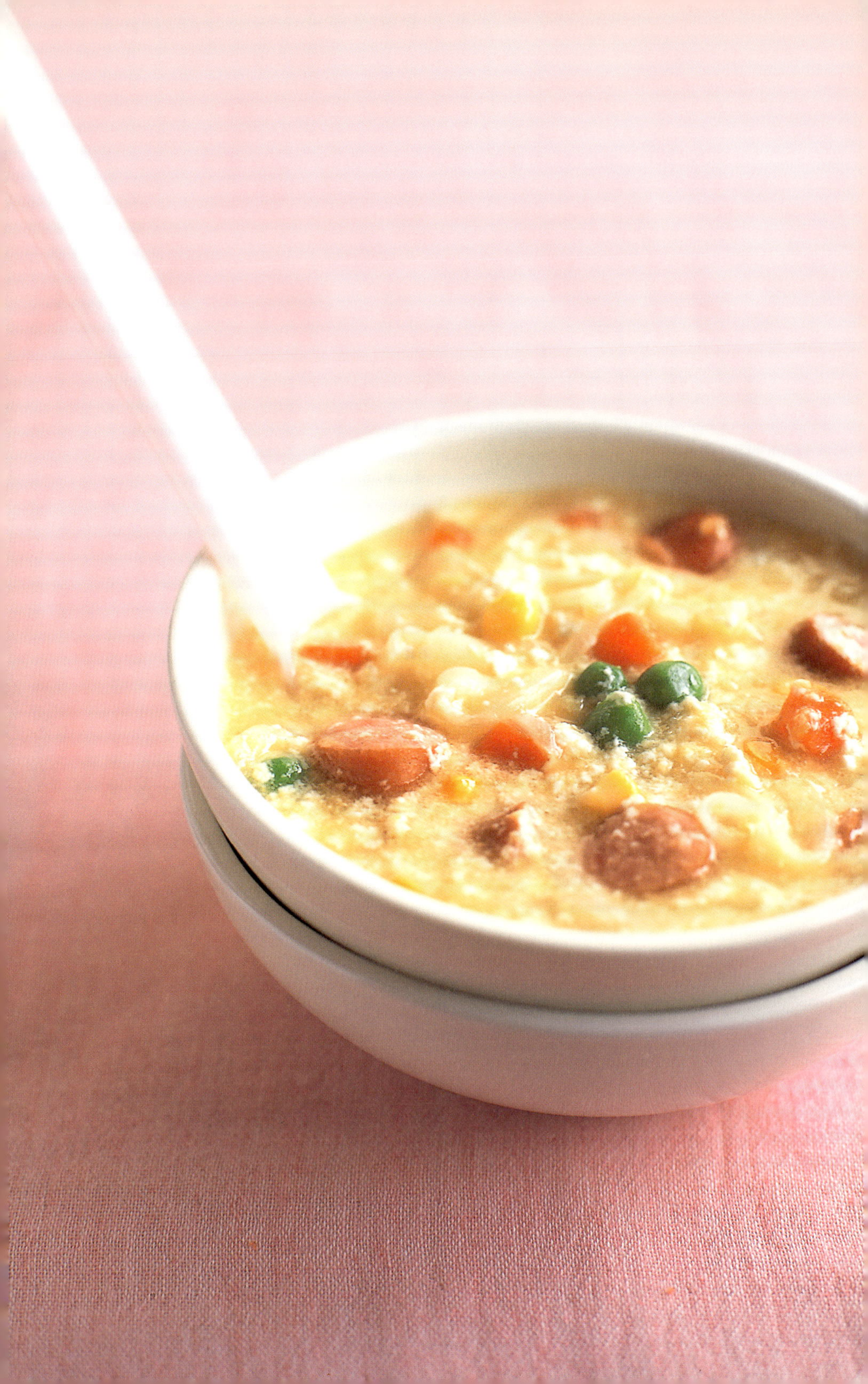

コーンクリームのさっぱりスープ

「コーンスープは味がしつこいから」と65歳を過ぎた両親は、今まで作ってもあまり喜んでくれませんでした。健康オタクの父が何にでもお酢をかけて食べるのを見てこのスープにも試したところ、さっぱりとして大好評！ 味にうるさい主人が「あれ作って」と言ったらこのスープ、というくらい子どもより気に入っています。コーンの缶詰は開けたら一度で使いきりたいので、いつも缶の量に合わせて多めに作っていますが、すぐなくなってしまいます。

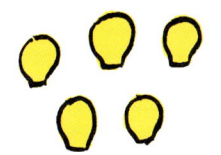

材料 < 約4人分
クリームコーン（缶詰）＞＞＞大１缶(190g)
ミックスベジタブル＞＞＞70g
ソーセージ＞＞＞５本
玉ねぎ＞＞＞１個
バター＞＞＞20g
牛乳＞＞＞500ml
酢＞＞＞大さじ１½
コンソメスープのもと＞＞＞１個
塩、こしょう＞＞＞各適宜

1＞ソーセージは１cmの輪切りに、玉ねぎは２mmの薄切りにする。
2＞鍋にバターとソーセージ、玉ねぎを入れ、中火で炒める。
3＞牛乳を加えて一煮立ちしたら、弱火にし、酢を加えてゆっくりと数回混ぜる。火を止めてふたをし、そのまま５分おく。
4＞再び火にかけ、沸騰したらコンソメとクリームコーン、ミックスベジタブルを加えて混ぜる。塩、こしょうで味を調える。

スープが残ったら **ふんわりスクランブルエッグ** ボウルに卵２個をときほぐし、コーンクリームのさっぱりスープお玉１杯分を加えて、軽く塩、こしょうして混ぜます。フライパンを強火で温めてバター大さじ１をとかし、スープ入り卵液を流します。箸で手早く混ぜ、半熟で仕上げます。ご飯にのせたり、パンにはさんで食べてもおいしい。とてもやわらかくしっとりした、具入りのスクランブルエッグが簡単にできます。

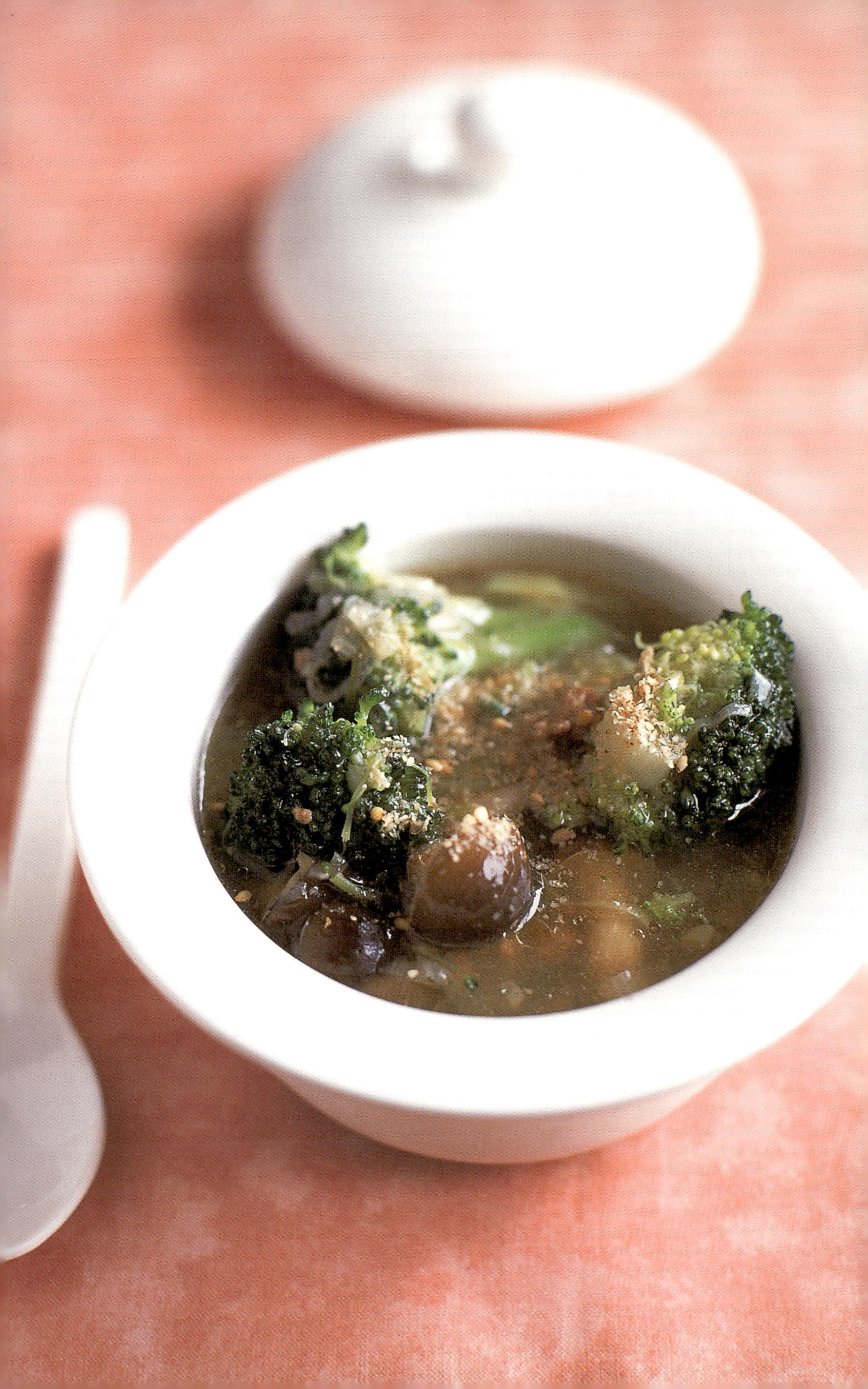

ブロッコリーとしめじのスープ

「ブロッコリーは安くて栄養があるから、毎日でも食べさせたい」そんなママ友達の話をきっかけに作ったのがこのスープ。お肉が少し入ることでこってりした味になりますが、好みでお酢を少しかけて飲むと、とってもさっぱり！　いくらでも飲めそうです。

材料 < 約4人分
ひき肉(合いびき) > > > 100g
ブロッコリー > > > 1個
長ねぎ > > > 1本
しめじ > > > 1パック
しょうが > > > 1かけ
サラダ油 > > > 大さじ2
水 > > > 1ℓ
コンソメスープのもと > > > 1個
しょうゆ > > > 大さじ1
塩、こしょう > > > 各適宜
片栗粉 > > > 大さじ1½（水大さじ3で溶く）
すりごま > > > 適宜

1 > ブロッコリーは房ごとに分け、軸の部分は皮をむいて5mm幅の小口切りにする。長ねぎは2mm幅の小口切り、しめじは食べやすく小房に分ける。しょうがはみじん切りにする。
2 > 鍋にサラダ油、しょうが、長ねぎ、ブロッコリーの軸を入れて中火で炒め、長ねぎがしんなりしてきたら、ひき肉を加えて色が変わるまで炒める。
3 > 分量の水、しめじ、ブロッコリーの房を加えて強火にかけ、沸騰したらコンソメを加えて弱火で3〜5分煮込む。
4 > しょうゆを加え、塩、こしょうで味を調え、水溶き片栗粉を少しずつ加えて混ぜ、とろみを軽くつける。器に盛って、すりごまをかける。

スープが残ったら　ブロッコリーの麻婆春雨　作り方は PAGE 77

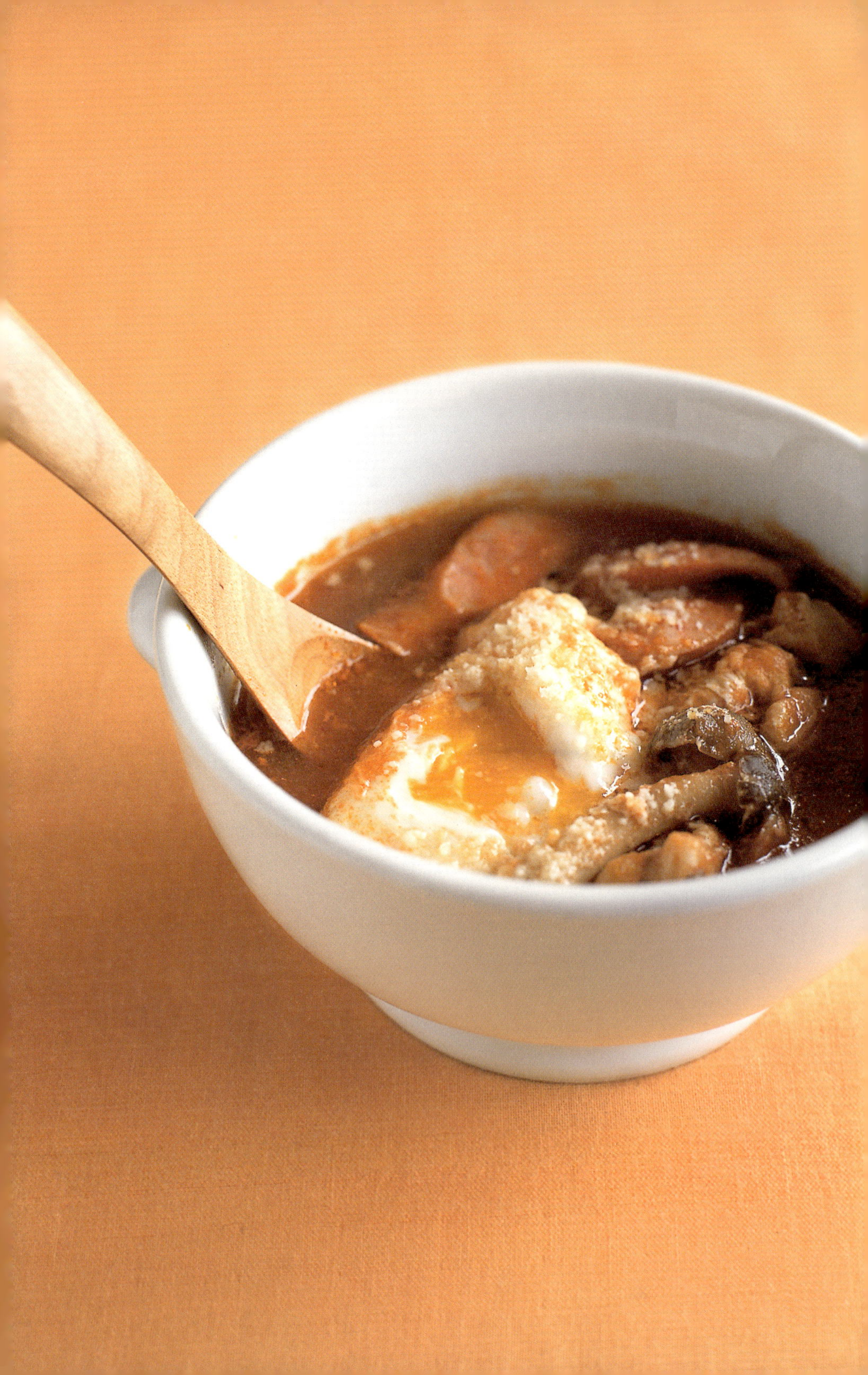

トマトと卵のスープ

忙しいときにさっとできてうれしいのがこのスープ。ピーマンとトマトを一緒にミキサーにかけたら、どんな味がするか想像できないかもしれませんが、意外やトマトの味が強くて、ピーマンが入っているのがわからないほど。卵とチーズがトマトの酸味をやわらげ、うちの子も大好きです。

材料 < 約4人分
トマト > > > 1個
玉ねぎ > > > ½個
ピーマン > > > 2個
トマトジュース > > > 300ml
しめじ > > > 1パック
ソーセージ > > > 8本
オリーブ油 > > > 大さじ1
水 > > > 300ml
コンソメスープのもと > > > 1個
卵 > > > 4個
粉チーズ > > > 適宜

1 > トマトは横半分に切り、スプーンで種を取って4等分にする。玉ねぎは1cm厚さに、ピーマンは種を取って一口大に切り、トマトジュースとともにミキサーにかける。
2 > しめじは食べやすく小房に分け、ソーセージは1cm幅に斜めに切る。
3 > 鍋にオリーブ油とソーセージを入れて中火で炒め、しめじを加えてしんなりするまで炒める。
4 > 鍋に分量の水と1を加え、沸騰したらコンソメを入れて弱火で10分煮込む。
5 > 卵を入れてふたをして火を止め、3〜4分したら器に盛って、粉チーズをかける。

スープが残ったら　トマト味の簡単焼きリゾット　卵を入れる前のトマトスープ200mlを小鍋に温め、細かく刻んだピーマン1個分、ご飯200g、粉チーズ大さじ2を入れて混ぜ合わせます。ぽってりしてきたら木べらで丸くまとめ、フライパンで両面こんがりと焼けばでき上り。外側はぱりっ、中はしっとり、この二つの食感が楽しい。チーズ入りなのでピーマンも気になりません。

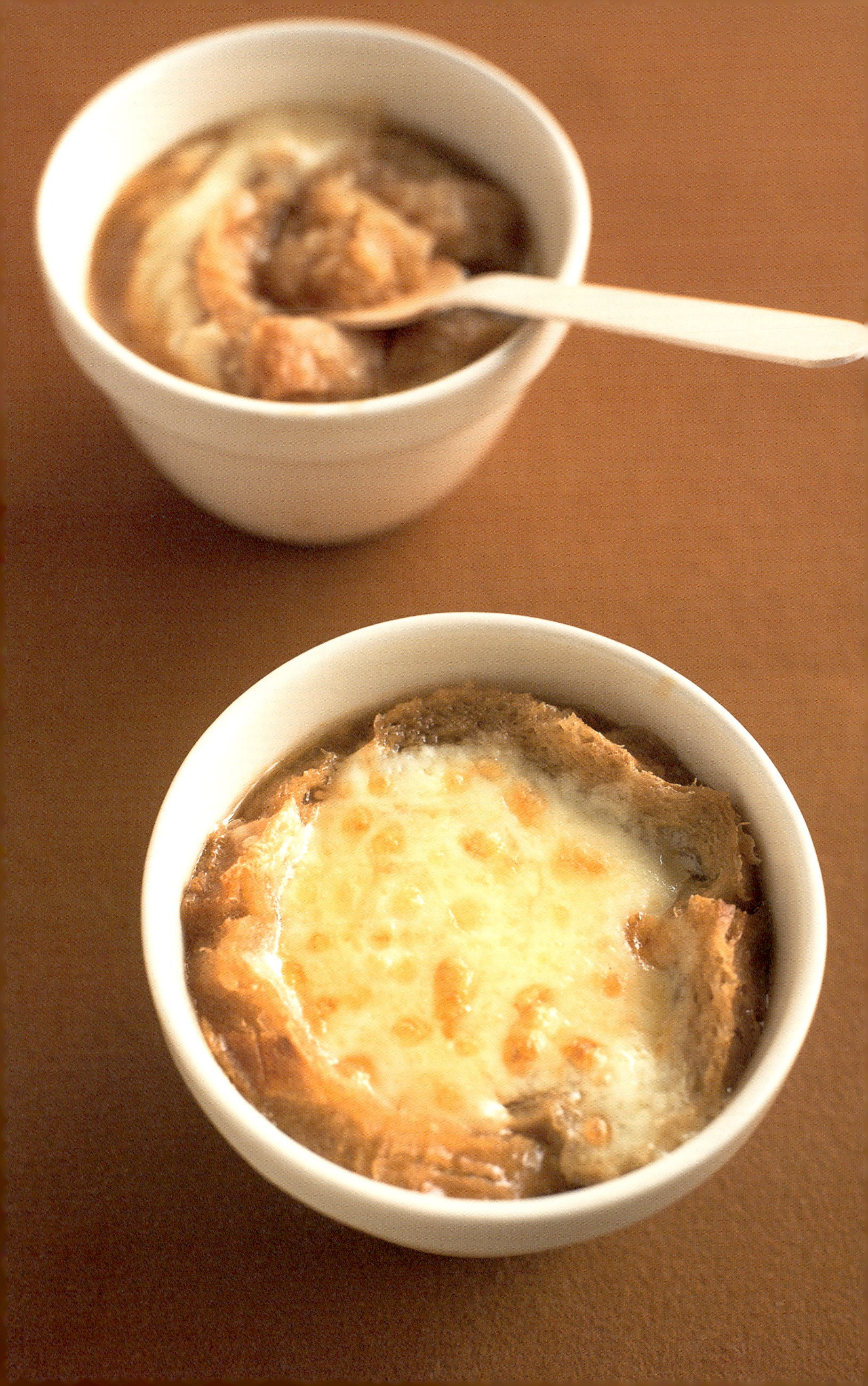

オニオングラタンスープ

玉ねぎを長時間じっくり炒めればおいしいけれど、小さい子どもがいるとなかなかそれができません。そこで電子レンジを使って玉ねぎの水分を一気に出し、手軽に作れるよう一工夫。子どもが大喜びで食べている姿を見るとうれしいですね。うちでは大人用はライ麦のパンを入れて作ります。

材料 < 約4人分
玉ねぎ ＞＞＞ 2個
バター ＞＞＞ 30g
水 ＞＞＞ 1ℓ
コンソメスープのもと ＞＞＞ 2個
塩、こしょう ＞＞＞ 各適宜
フランスパン（1cm厚さの輪切り）＞＞＞ 4枚
ピザ用チーズ ＞＞＞ 100g

1 ＞ 玉ねぎは縦半分に切り、2mm幅の薄切りにする。
2 ＞ 玉ねぎとバターを耐熱容器に入れてふんわりラップをかけ、5分加熱して混ぜる。これを3回繰り返して計15分加熱する。
3 ＞ 玉ねぎを鍋に移して強火で炒め、焦げ目をつけたら分量の水を加える。沸騰したらコンソメを加えて、塩、こしょうで味を調える。
4 ＞ 耐熱容器に移し、バター（分量外）を薄くぬったパンを入れ、チーズをのせて、オーブントースターでチーズがとけるまで焼く。

スープが残ったら　オニオンスープのきのこおじや　フランスパンを入れる前のオニオンスープ1人分を小鍋に温め、まいたけ½パックと茶碗1杯分のご飯を加えます。まいたけとご飯がやわらかくなったら塩で味を調え、卵1個をといて流し入れ、火を止めてふたをします。卵が半熟になればでき上り。チーズを入れなくても玉ねぎのこくとまいたけの香りで充分においしい。リゾットよりもあっさりとしているので、夜食にもいいですね。

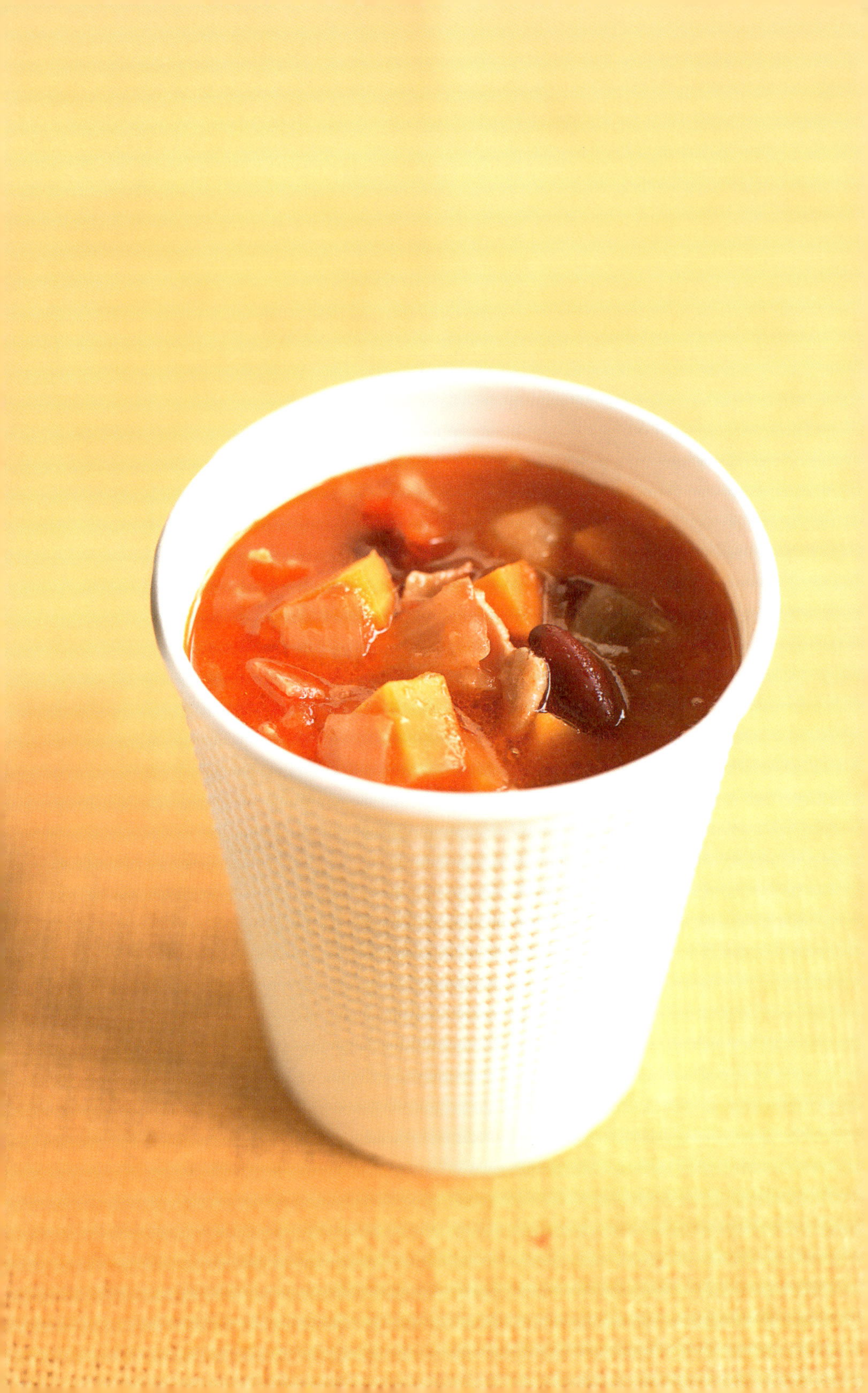

ミネストローネ

ミネストローネを作るときはいつも冷蔵庫を整理するつもりで、使いかけの野菜をいろいろ入れています。キャベツやなすを入れてもおいしいし、セロリを倍量に増やしても。豆もキドニービーンズに限らず、大豆やいんげん豆、ひよこ豆などなんでもおいしい。

材料 < 約4人分
ホールトマト(缶詰) > > > 1缶(400g)
キドニービーンズ(缶詰) > > > 小1缶(200g)
玉ねぎ > > > 1個
じゃがいも > > > 1個
にんじん > > > ½本
セロリ > > > ¼本
ベーコン > > > 6枚
にんにく > > > 1かけ
オリーブ油 > > > 大さじ3
水 > > > 600ml
コンソメスープのもと > > > 1個
塩、こしょう > > > 各適宜

1 > 玉ねぎ、じゃがいも、にんじんは1cm角に、セロリは筋を取って1cm角に、ベーコンは1cm幅に切る。にんにくはみじん切りにする。
2 > 鍋にオリーブ油、1の野菜、ベーコンを入れ、中火で炒める。
3 > 玉ねぎがしんなりしたらごく弱火にして10分炒める(この間、時々混ぜる程度でいい)。ホールトマトを加えて木べらでつぶし、分量の水を加える。
4 > 沸騰したらコンソメと汁気をきったキドニービーンズを加えて10分煮込み、塩、こしょうで味を調える。

スープが残ったら　ミネストローネのパングラタン　作り方は PAGE 76

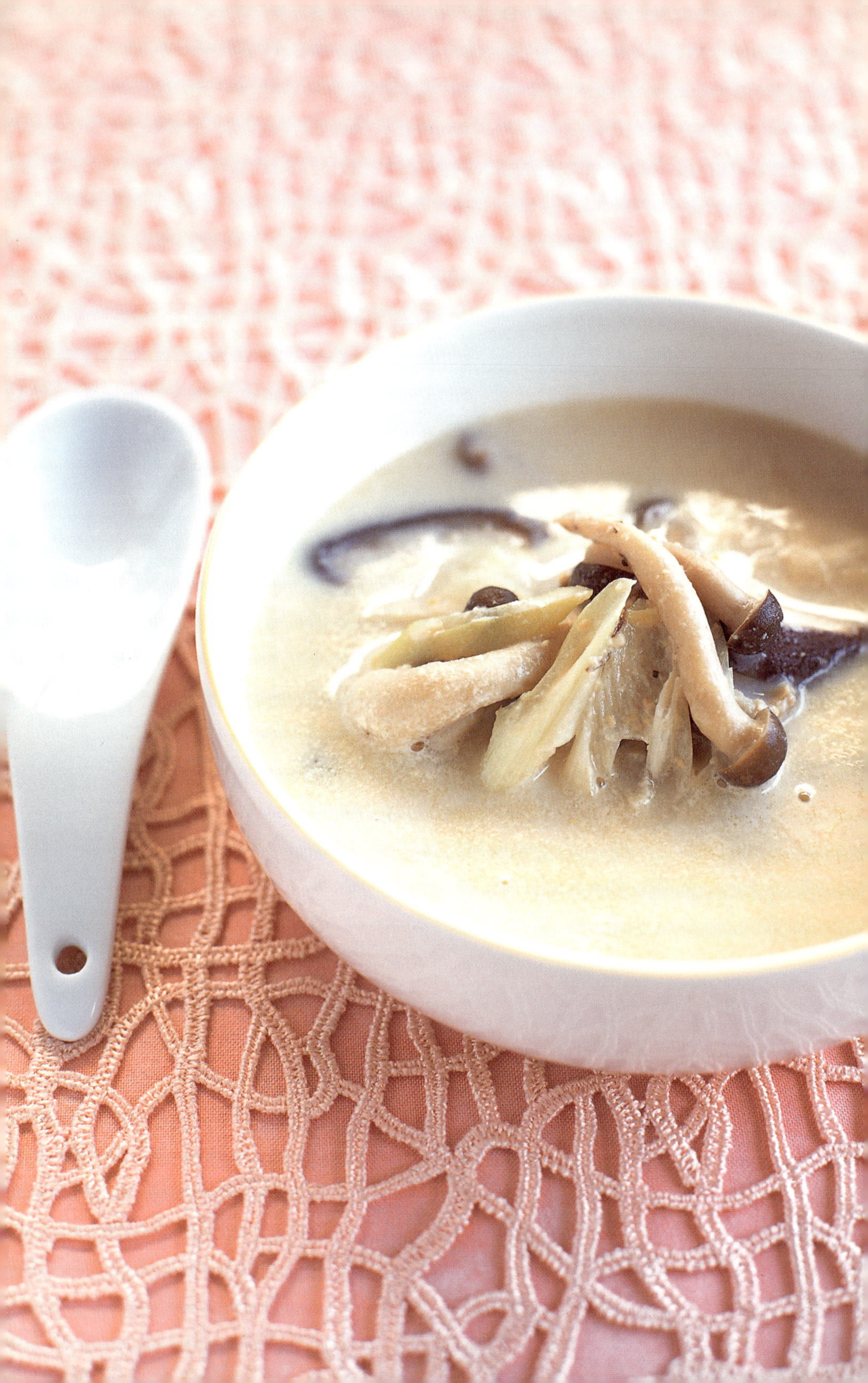

きのこの豆乳みそ味スープ

豆乳そのままではなかなか飲まない娘も、このスープにすると両手で器を持ち、ゴクゴク飲んでいます。だしの味で豆乳のくせが消え、最後に落とすバターで味がぐんとまろやかになるからでしょうね。豆乳は調製豆乳でも無調整のものでもお好みで。きのこもまいたけ、マッシュルームなどあるものを使って。

材料 < 約4人分
豆乳 > > > 300ml
昆布（5㎝長さ）> > > 3〜4枚
水 > > > 700ml
しめじ > > > 1パック
しいたけ > > > 6個
長ねぎ > > > 1本
みそ > > > 大さじ2
バター > > > 10g

1 > 鍋に分量の水と昆布を入れ、1時間浸す。しめじは食べやすく小房に分ける。しいたけは5㎜幅に切り、長ねぎは5㎜幅の斜め切りにする。
2 > 昆布が入った鍋を中火にかけ、沸騰したら昆布を取り出し、しめじ、しいたけ、長ねぎを加えて5分煮込む。
3 > 豆乳を加え、煮立ってきたらみそで味を調える。
4 > 火を止め、仕上げにバターを混ぜる。

スープが残ったら　きのこの和風焼きリゾット　作り方は PAGE 75

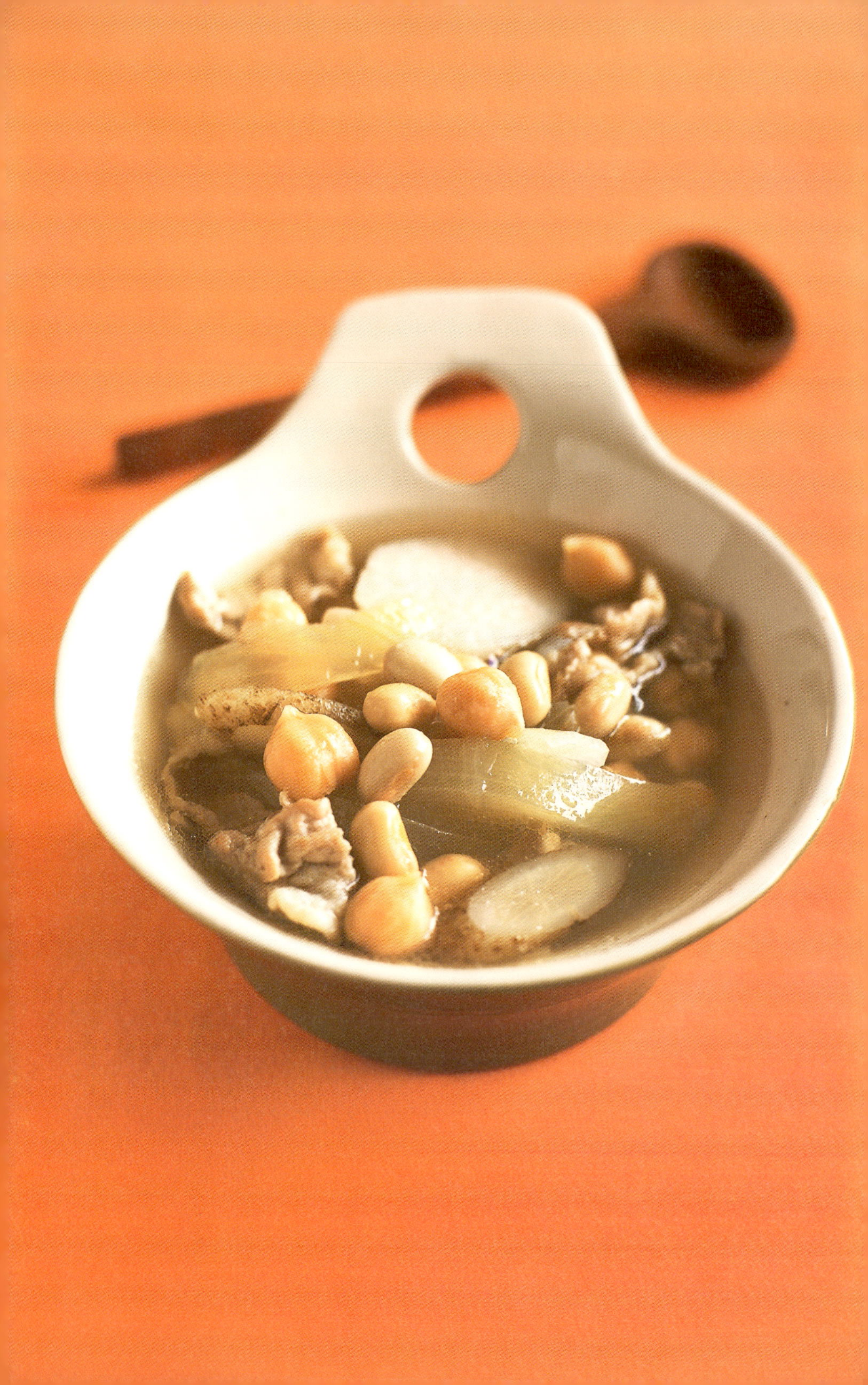

洋風豚汁

豚汁を作ろうと思って材料を買ったのに、肝心のみそをきらしていて、さぁどうしよう。こんな失敗から新しいレシピができるから料理はやめられません。レストランの厨房で和洋折衷のおいしさを教えてもらったことを思い出して作ったところ、和食党の主人が「あ、これもおいしいね」。先輩に飲んでもらえたら、「よし！」と言ってくれたでしょうか。

材料 < 約4人分
豚肩ロース肉(薄切り) > > > 100g
里芋 > > > 2個
ごぼう > > > ½本
玉ねぎ > > > ½個
大豆(水煮) > > > 100g
ひよこ豆(水煮) > > > 100g
バター > > > 15g
水 > > > 1ℓ
コンソメスープのもと > > > 1個
塩、こしょう > > > 各適宜

1 > 豚肉は一口大、里芋は1cm厚さに切る。ごぼうは5mm幅の斜め切りにし、水にさらす。玉ねぎは1cm幅に切る。豆はざるにあけて水気をきる。
2 > 鍋にバターと豚肉を入れ、中火で色が変わるまで炒める。
3 > 分量の水、里芋、水気をきったごぼう、玉ねぎ、大豆、ひよこ豆を加える。
4 > 沸騰したらコンソメを加えてふたをし、弱火で15分煮込み、塩、こしょうで味を調える。

スープが残ったら **洋風豚汁の焼きうどん** フライパンにサラダ油少々と小口切りにした長ねぎ10cm分を入れ、しんなりするまで炒めます。うどん1玉を加えて炒め、洋風豚汁200mlとしょうゆ大さじ1を加えて、水分を飛ばしながら炒めます。塩で味を調え、削りがつおを適量かけていただきます。

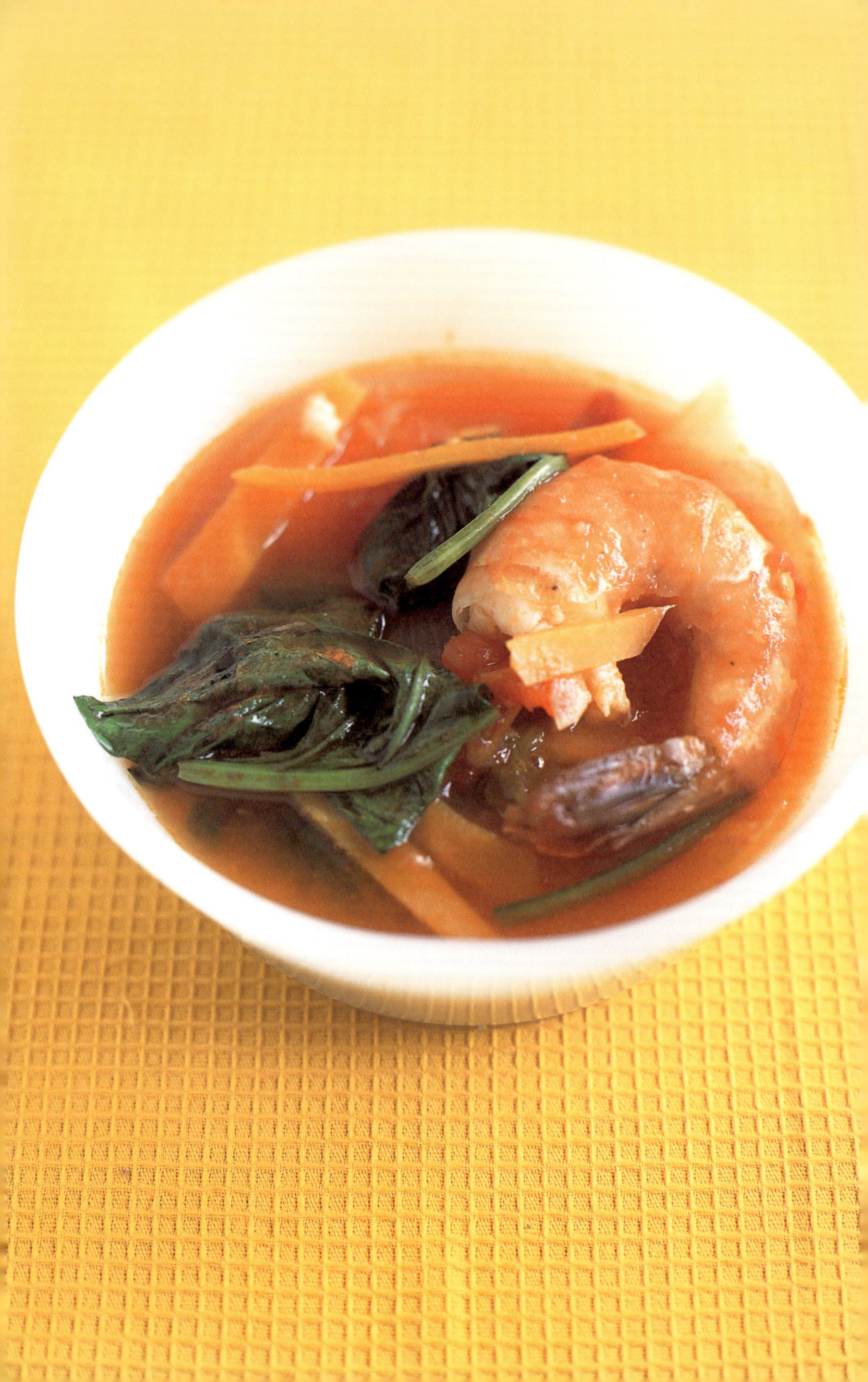

トマトとえびのスープ

娘はトマトが大好き。トマトを出すとそればかり食べて、最後には「もうおなかがいっぱい」。そこで具をいろいろ入れてトマト味のスープにしたところ、大喜び。苦手なにんじんやほうれん草も食べてしまいます。えびは殻からいい味が出るので、殻をつけたまま入れます。白身魚で作ったり、えびと魚の両方を入れてもおいしい。

材料 < 約4人分
えび（殻つき）＞＞＞10尾
ホールトマト（缶詰）＞＞＞1缶（400g）
ほうれん草＞＞＞½束
玉ねぎ＞＞＞½個
にんじん＞＞＞½本
にんにく＞＞＞1かけ
オリーブ油＞＞＞大さじ2
水＞＞＞600ml
コンソメスープのもと＞＞＞1個
塩、こしょう＞＞＞各適宜

1＞ えびは殻つきのままよく洗う。ほうれん草は茎と葉の部分に分け、それぞれ3等分する。玉ねぎは5mm幅に切り、にんじんは斜め薄切りにして5mm幅に切る。にんにくはみじん切りにする。
2＞ 鍋にオリーブ油、にんにく、玉ねぎ、にんじん、ほうれん草の茎を入れ、中火でしんなりするまで炒める。玉ねぎがしんなりしたらごく弱火にして10分炒める（この間、時々混ぜる程度でいい）。
3＞ ホールトマトを加え、木べらでつぶして分量の水を加える。沸騰したらコンソメを加えて10分煮込む。
4＞ えびを加えて5分煮込み、最後にほうれん草の葉を加えて、塩、こしょうで味を調える。

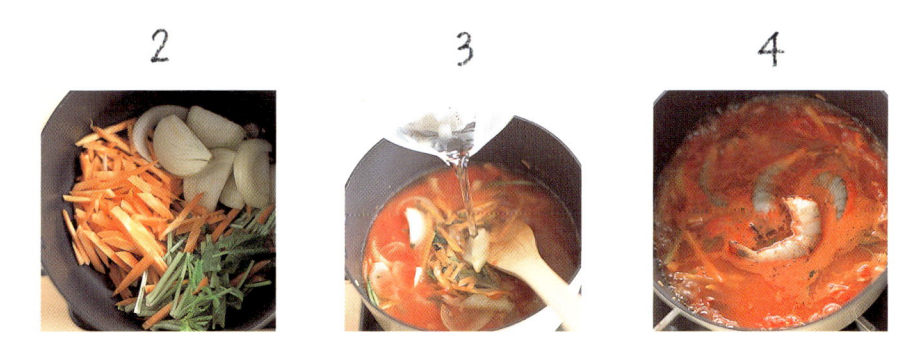

スープが残ったら　えびとなすのパスタ　フライパンにオリーブ油大さじ3と1cm角に切ったなす1本分を入れて炒めます。トマトとえびのスープ200mlを入れて弱火で5分煮込み、ゆでたパスタ1人分を加えて混ぜればでき上り。スープの具が残っていなくても、スープそのものにおいしさが溶け込んでいるから、おいしいパスタができます。パスタはショートパスタを使っても。

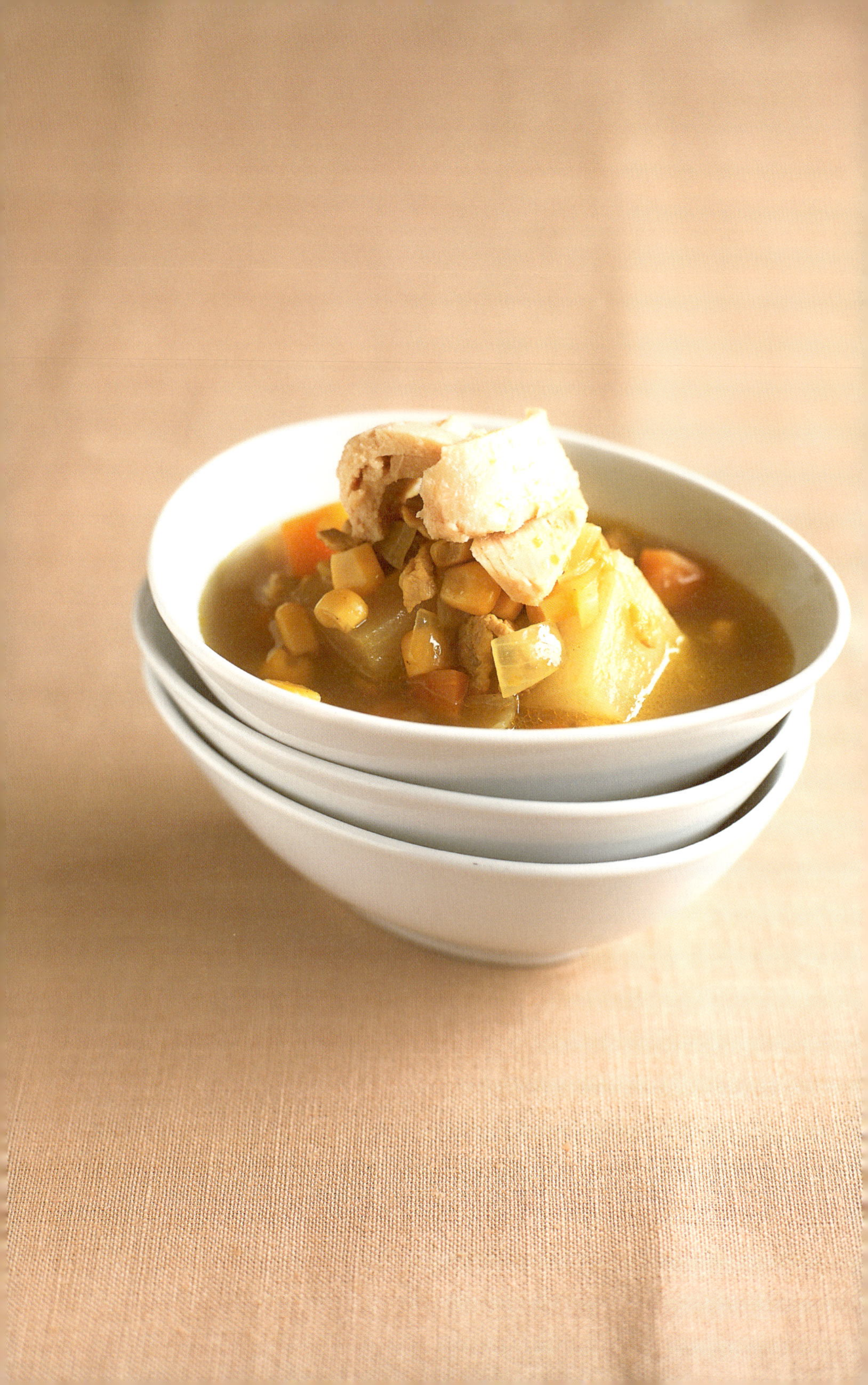

コーンとツナのスープ

このスープは、ツナの大きなかたまりをトッピングとして最後にポンとのせます。ツナは子どもの大好物なので、それを見たとたんに大喜び。すっかりごきげんで残さず食べます。カレー味は、夏は食欲を刺激し、冬は体がほかほか温まり、一年中よく登場するスープです。

材料 < 約4人分
コーン（缶詰） > > > 1缶（190g）
ツナ（缶詰） > > > 小1缶（80g）
豚もも肉（薄切り） > > > 150g
玉ねぎ > > > 1個
にんじん > > > ½本
大根 > > 150g
バター > > 30g
水 > > 1ℓ
カレー粉 > > > 大さじ1
コンソメスープのもと > > > 1個
塩 > > 少々

1 > コーンは汁気をきる。豚肉は粗みじん切り、玉ねぎ、にんじんは1cm角、大根は3cm角に切る。
2 > 鍋にバターと豚肉を入れて中火で軽く炒め、玉ねぎ、にんじんを加えて炒める。
3 > 玉ねぎがしんなりしてきたらごく弱火にして10分炒める（この間、時々混ぜる程度でいい）。
4 > 分量の水、大根、コーン、カレー粉を加え、沸騰したらコンソメを加えてふたをし、10分煮込んで塩で味を調える。
5 > 器に盛り、油をきったツナをのせる。

スープが残ったら　カレー風味のビーフン　ビーフン80gを湯でもどし、食べやすく切る。フライパンににんにくのみじん切り1かけ分とサラダ油大さじ1を入れ、香りが出るまで炒める。ビーフンを加えて軽く炒め、コーンとツナのスープ200mlを入れて混ぜ合わせる。カレー粉小さじ⅓と塩、こしょうで味を調える。

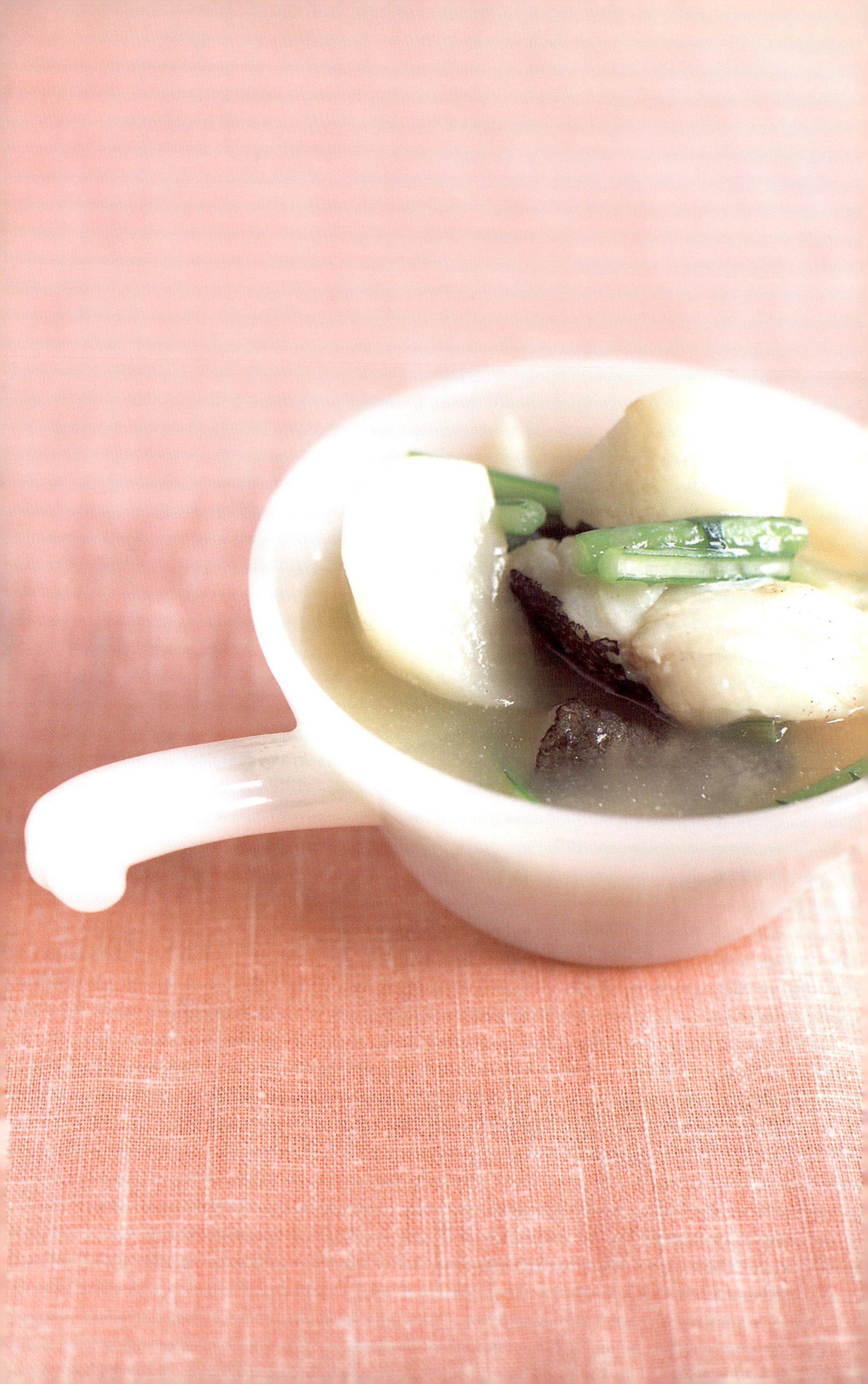

かぶとたらのスープ

冬場に鍋物をすると、いつも白菜がちょっと残ってしまうので、うちではよくスープにします。白菜とかぶのやさしい甘さのこのスープ、「これにご飯があればもういいわね」と母は言います。たらは塩だらの場合は塩味を加減してください。かぶはできれば新鮮な葉つきのものを求め、葉も一緒に食べてしまいましょう。

材料＜ 約4人分
生だら＞＞＞ 3切れ
かぶ(葉つき)＞＞＞ 5個
じゃがいも＞＞＞ 3個
白菜＞＞＞ 2枚
サラダ油＞＞＞ 大さじ1
水＞＞＞ 900ml
コンソメスープのもと＞＞＞ 1個
塩、こしょう＞＞＞ 各適宜

1＞ たらは3等分して塩、こしょうする。かぶはくし形に6等分し、葉は3cm長さに切る。じゃがいもは5mm幅のいちょう切り、白菜は4cm幅に切る。
2＞ 鍋にサラダ油を入れ、たらの両面をさっと焼いていったん取り出す。
3＞ じゃがいも、白菜を入れて中火で炒め、白菜がしんなりしてきたらごく弱火にして10分炒める(この間、時々混ぜる程度でいい)。
4＞ 分量の水を加え、沸騰したらコンソメを加えて10分煮込む。
5＞ ミキサーに1分ほどかけて鍋に戻し、たらとかぶを入れて5分煮込み、最後にかぶの葉を入れて火を通し、塩、こしょうで味を調える。

スープが残ったら　**ねぎ風味のスープご飯**　小鍋にかぶとたらのスープ1人分を温め、茶碗1杯分のご飯を入れます。ご飯がやわらかくなったら塩で味を調え、器に盛って、刻んだ万能ねぎを多めにのせるのがポイント。さらに半熟卵をのせるのもおすすめです。万能ねぎの代りに梅干しでも。

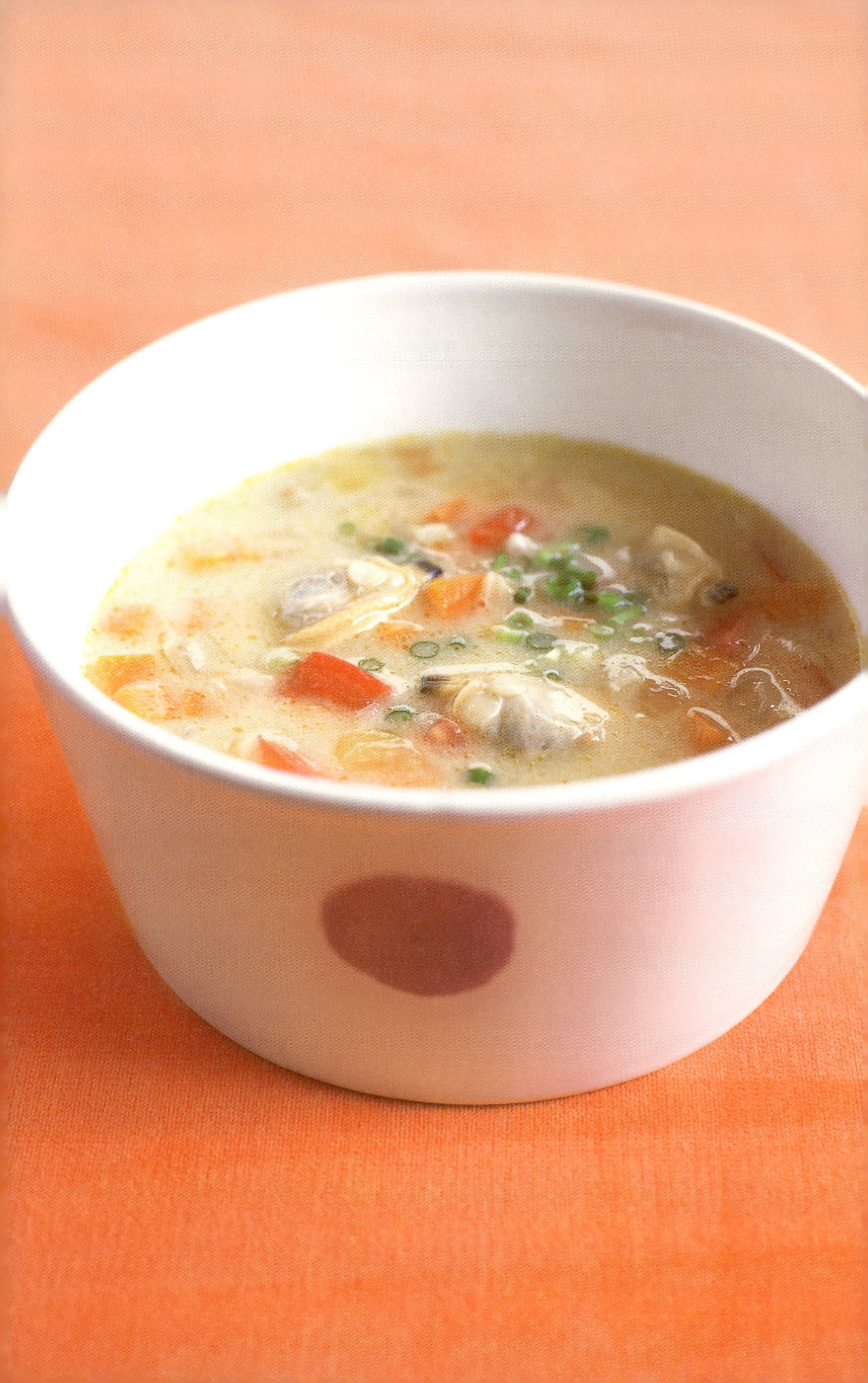

あさりとトマトのスープ

あさりといえばおみそ汁かクラムチャウダーのイメージが強いですよね？ でもトマトとも相性がいいんですよ。トマトの軽い酸味が食欲を誘い、するするっとのどを通っていくはず。トマト味ではありませんが、一見脇役のこのトマトがスープの味全体を引き締めているのです。

材料 < 約4人分
あさり(殻つき) ＞＞＞ 500g
トマト ＞＞＞ 2個
玉ねぎ ＞＞＞ 1½個
にんじん ＞＞＞ 1½本
バター ＞＞＞ 30g
薄力粉 ＞＞＞ 大さじ3
水 ＞＞＞ 900ml
コンソメスープのもと ＞＞＞ 1個
牛乳 ＞＞＞ 120ml
塩、こしょう ＞＞＞ 各適宜
万能ねぎ(小口切り) ＞＞＞ 適宜

1 ＞ あさりは塩水につけて砂を抜く。トマトは横半分に切って種をスプーンで出し、1cm角に切る。玉ねぎとにんじんは1cm角に切る。
2 ＞ 鍋にバターと玉ねぎ、にんじんを入れ、中火で炒める。
3 ＞ 薄力粉を加えて炒め、粉気がなくなったら、あさりと分量の水を加える。
4 ＞ 沸騰したらコンソメを加えて5分煮込み、こしてスープと具に分け、あさりは殻を取る。
5 ＞ 鍋に4のスープと玉ねぎ、にんじんを戻し入れ、牛乳を加えて弱火に20分かけて火を止める。あさりとトマトを加えて、塩、こしょうで味を調え、器に盛って万能ねぎを散らす。

スープが残ったら　簡単トマトドリア　耐熱容器に茶碗2杯分のご飯を入れます。小鍋にあさりとトマトのスープ1人分を温め、ピザ用チーズ½カップを加えてとろみがついたらご飯にかけます。横半分に切って種を取ったトマト½個分を5mm幅に切ってのせ、パン粉を散らしてオーブントースターで焦げ目がつくまで焼きます。

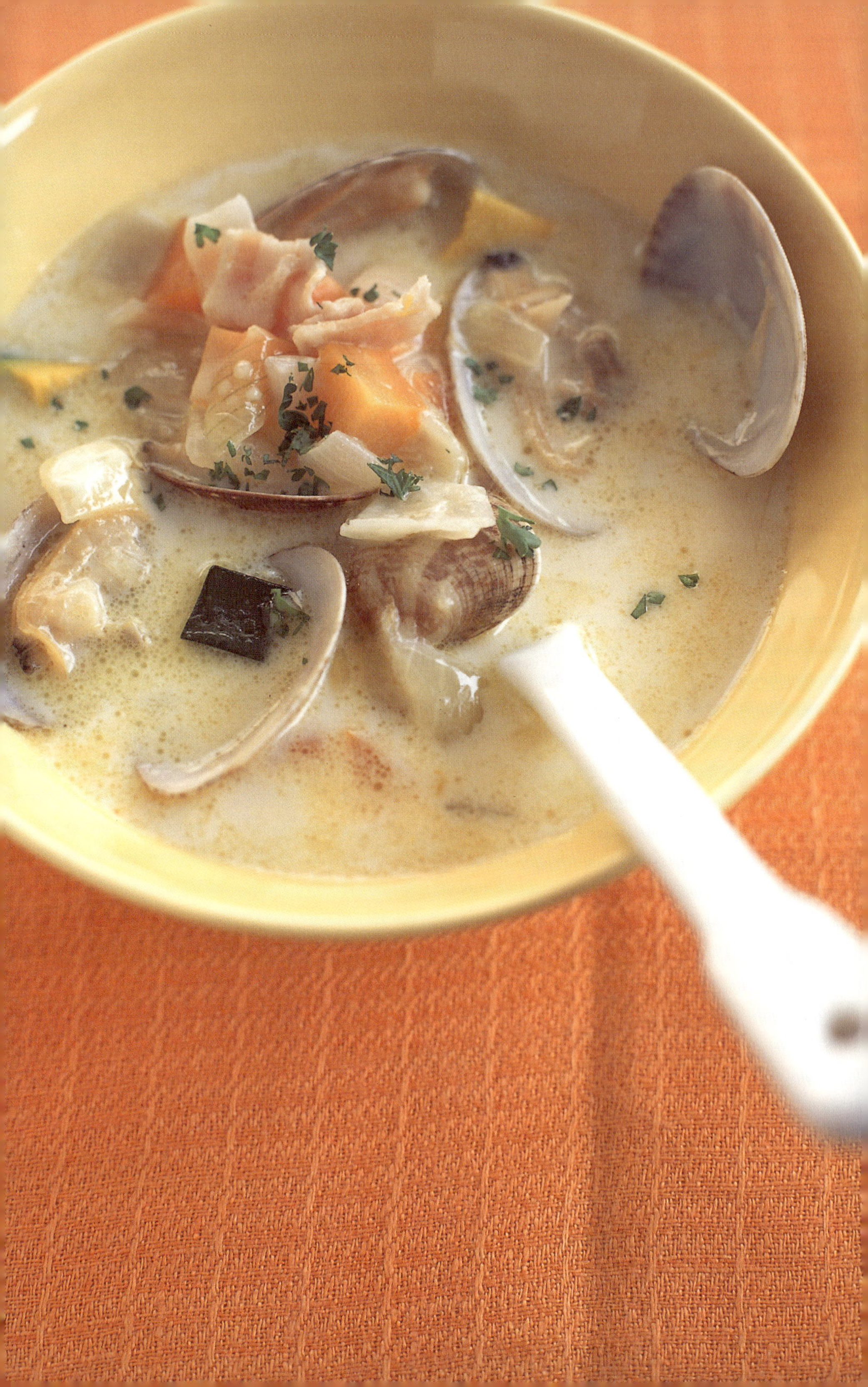

クラムチャウダー

あさりのだしと野菜の甘さがおいしい人気のスープ。ベーコンを少し入れることで味に深みが出て、よりおいしさが増します。すっきりした味がお好みならコンソメは入れなくてもかまいません。ボリュームも栄養もたっぷりの、主役になるスープです。

材料 < 約4人分
あさり（殻つき）＞＞＞400g
玉ねぎ＞＞＞1個
にんじん＞＞＞½本
かぼちゃ＞＞＞80g
ベーコン＞＞＞1枚
バター＞＞＞30g
薄力粉＞＞＞大さじ3
水＞＞＞600ml
コンソメスープのもと＞＞＞1個
牛乳＞＞＞350ml
塩、こしょう＞＞＞各適宜

1 > あさりは塩水につけて砂を抜く。玉ねぎ、にんじん、かぼちゃは1cm角に切る。ベーコンは1cm幅に切る。
2 > 鍋にバターと玉ねぎ、にんじん、ベーコンを入れ、中火で炒める。
3 > 玉ねぎがしんなりしてきたらごく弱火にして10分炒め、薄力粉を加えて粉気がなくなるまで炒める（この間、時々混ぜる程度でいい）。
4 > 分量の水とあさり、かぼちゃを加え、沸騰したらコンソメを加えて5分煮込む。
5 > 牛乳を加えて一煮立ちしたら、塩、こしょうで味を調える。器に盛り、好みでパセリのみじん切りをふる。

スープが残ったら　クラムチャウダーのパングラタン　作り方はPAGE 76

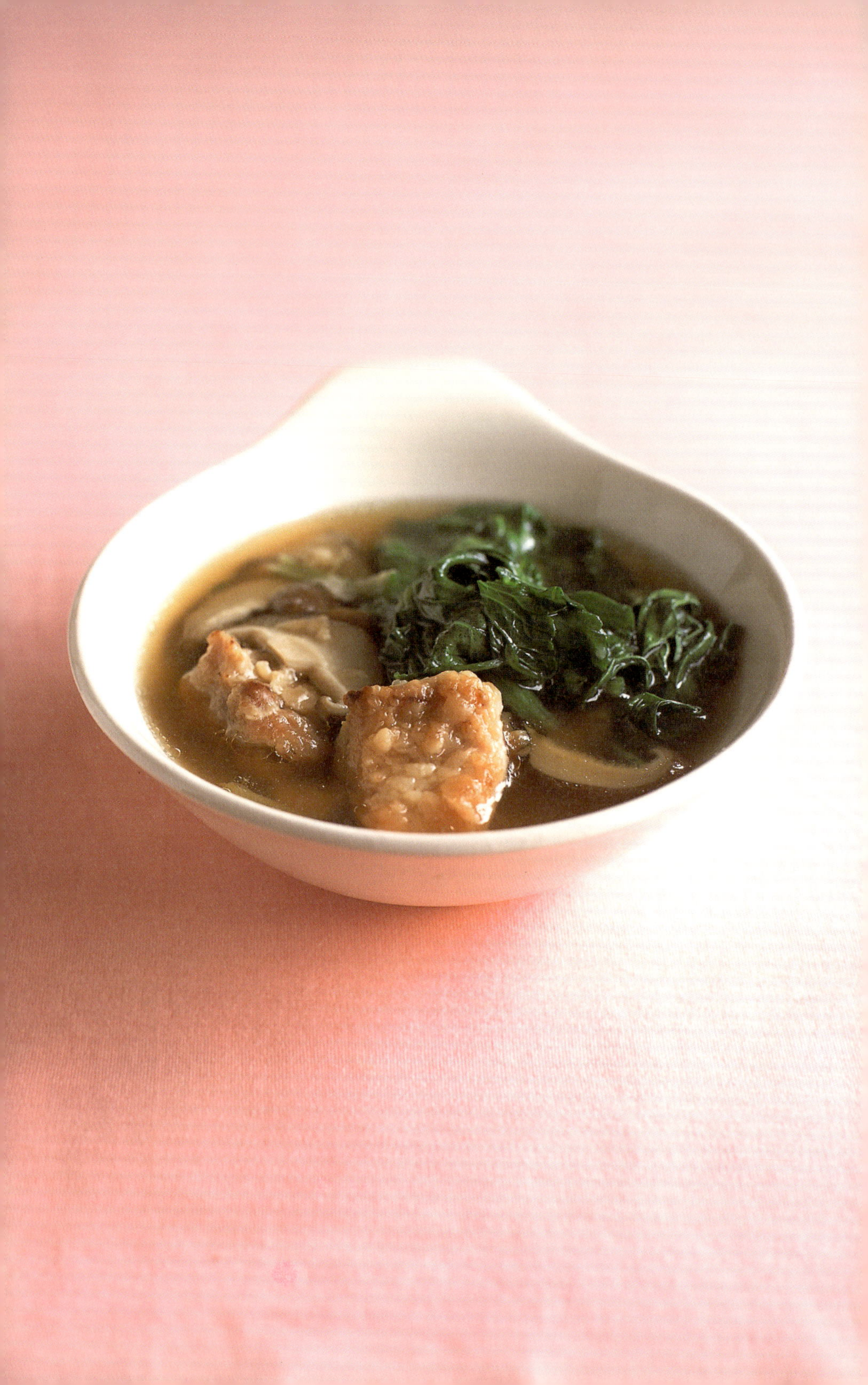

鶏肉と小松菜のスープ

おなかに赤ちゃんのいる生徒さんに「小松菜は鉄分が多いからたくさん食べたいけれど、どうしたらいいですか？」ときかれ、このスープをおすすめしました。小松菜を加えるとき「レシピ間違ってない？」と思うほど量が多く感じるかもしれませんが、しんなりするので大丈夫。セロリの味も気にならず、おいしく食べられます。

材料 < 約4人分
鶏もも肉 > > > 1枚
┌ セロリ（すりおろす）> > > ¼本
A にんにく（すりおろす）> > > 1かけ
└ しょうゆ、はちみつ > > > 各大さじ2
小松菜 > > > 1束
しいたけ > > > 6個
薄力粉 > > > 適宜
サラダ油 > > > 大さじ4
水 > > > 1ℓ
コンソメスープのもと > > > 1個
ナンプラー > > > 大さじ1⅓

1 > 鶏肉は一口大に切り、Aを混ぜたものに10分つける。小松菜は葉と茎に分け、それぞれ3等分する。しいたけはかさと軸に分け、ともに薄切りにする。
2 > 鶏肉の汁気をきって（つけ汁はとりおく）薄力粉をつけ、鍋にサラダ油を熱して、両面をこんがりと焼いて取り出す。
3 > 同じ鍋で小松菜の茎としいたけの軸を炒め、しんなりしたらごく弱火にして10分炒める（この間、時々混ぜる程度でいい）。
4 > 分量の水、しいたけのかさを加え、沸騰したら、コンソメ、2でとりおいた汁、ナンプラーを加えて弱火で5分煮込む。
5 > 鶏肉を戻し入れ、さらに5分煮込む。最後に小松菜の葉を入れてさっと火を通す。

スープが残ったら　チキンスープの汁ビーフン　作り方は PAGE 77

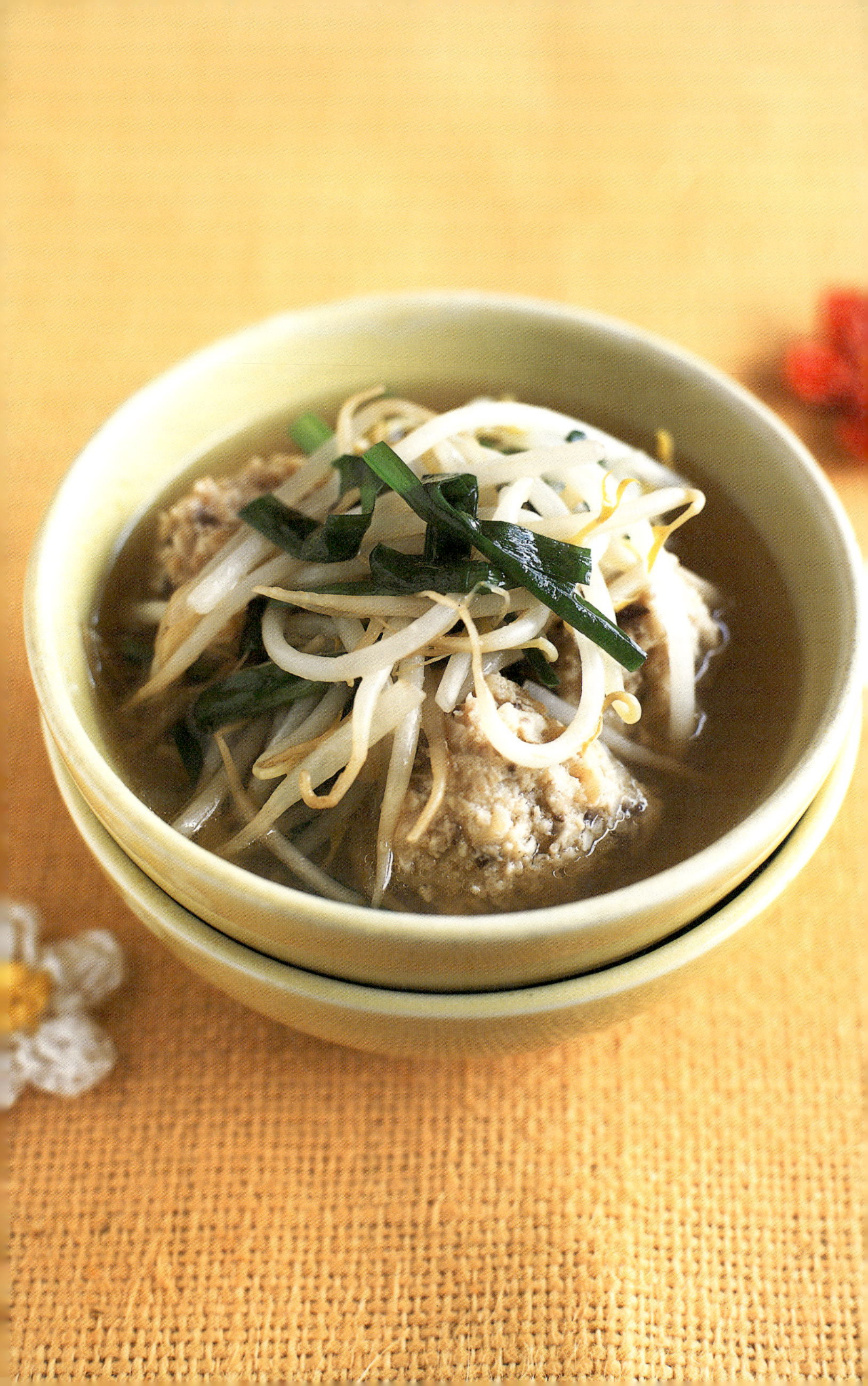

肉だんごともやしのスープ

「お肉よりはお魚がいい」必ず両親はこう言いますが、主人と娘はお肉大好き。皆がおいしく食べられるいい方法はないかと、困ったとき思い出すのは先輩からのアドバイス。肉だんごに帆立の貝柱を入れることで、やわらかく皆が大好きな味になりました。帆立の代りにえびにしても。

材料 < 約4人分
鶏ももひき肉 >>> 200g
帆立貝柱(生) >>> 100g
しいたけ >>> 3個
しょうが >>> 1かけ
┌ 卵 >>> ½個
A しょうゆ >>> 大さじ1
└ 片栗粉 >>> 大さじ1
もやし >>> 1袋
にら >>> ½束
水 >>> 1ℓ
中華だしのもと >>> 小さじ1
しょうゆ >>> 小さじ2
塩、こしょう >>> 各適宜

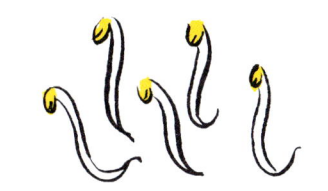

1 > 帆立貝柱はみじん切りにし、しいたけは軸も一緒にみじん切りにする。しょうがはすりおろす。
2 > ボウルに鶏のひき肉を入れて粘りが出るまで混ぜ、帆立、しいたけ、しょうがを入れてさらに混ぜる。Aを入れ、さらに混ぜる。
3 > 鍋に分量の水を入れて火にかけ、沸騰したら中華だしを加え、スプーン2本を使って肉だんごを丸めて入れる。
4 > 5分ほど煮て、しょうゆと塩、こしょうで味を調え、5cm長さに切ったにらともやしを加えてさっと煮る。

スープが残ったら　肉だんごスープのおじや　小鍋に肉だんごともやしのスープ1人分を温め、薄切りにしたしいたけ2個分と茶碗1杯分のご飯を加え、ご飯がやわらかくなったらしょうゆで味を調えます。とき卵1個分を流し入れ、ふたをして火を止め、卵が半熟になればでき上り。刻んだザーサイをのせるのもおすすめです。肉だんごのうまみをご飯が吸って、いくらでも食べられそう。

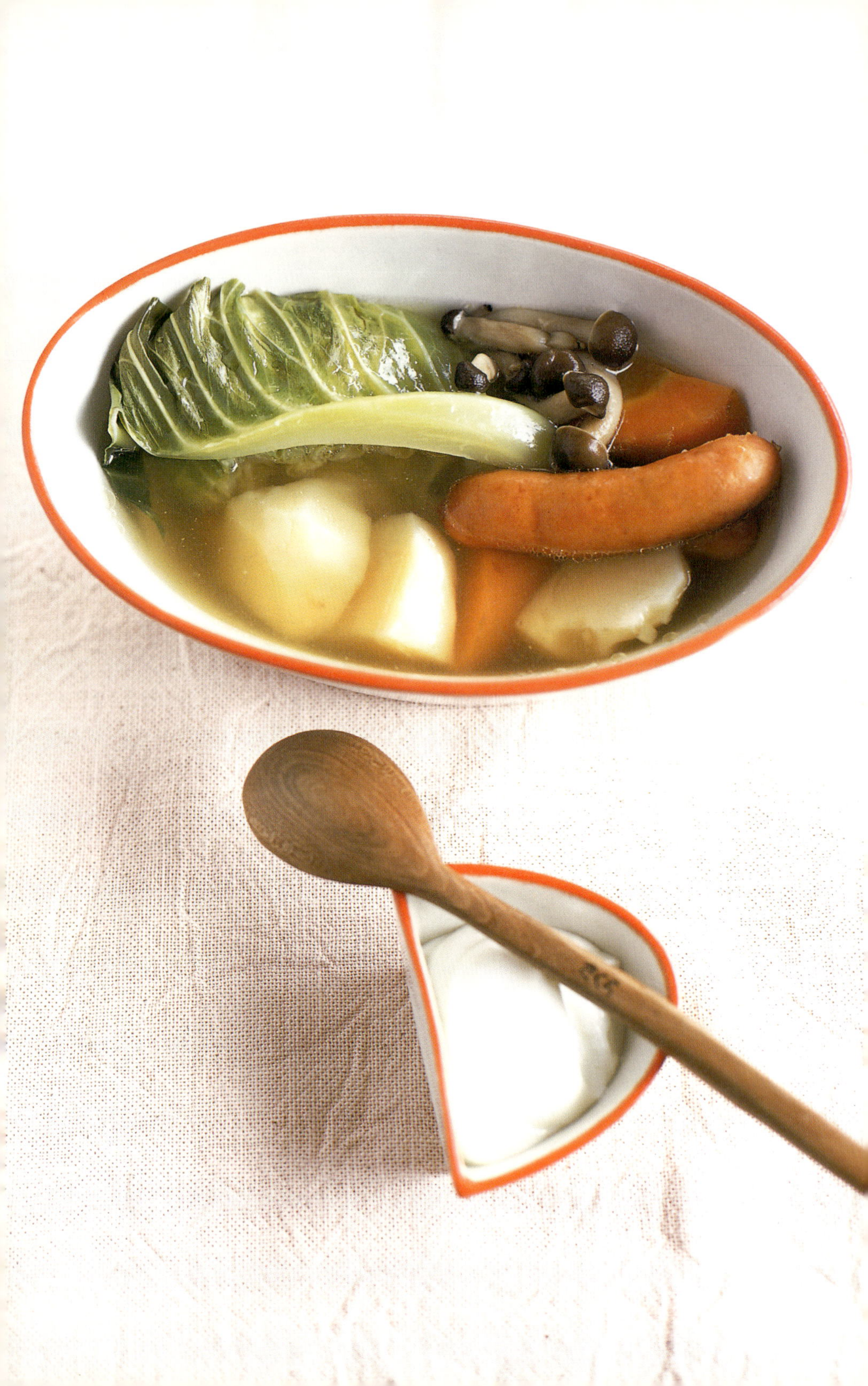

ポトフのヨーグルト添え

野菜とソーセージをコトコト煮込むだけの簡単スープですが、野菜の甘みが体にやさしくしみわたって、ほっとくつろげます。野菜は大ぶりに切ってたっぷり入れましょう。添えるヨーグルトの水きりは、なめらかなカッテージチーズのような味わい。いつもなら「ソーセージは少しでいいわ」と言う母も、これがあると「もうちょっとおかわり」と食欲を誘われるようです。

材料 < 約4人分
ソーセージ ＞＞＞ 8本
キャベツ ＞＞＞ 1/4個
じゃがいも ＞＞＞ 2個
にんじん ＞＞＞ 1本
しめじ ＞＞＞ 1パック
水 ＞＞＞ 1ℓ
コンソメスープのもと ＞＞＞ 1個
ヨーグルト（無糖）＞＞＞ 250g
にんにく（すりおろす）＞＞＞ 1かけ
塩、こしょう ＞＞＞ 各適宜

1 ＞ ヨーグルトはキッチンペーパーを敷いたざるにあけ、冷蔵庫で一晩水をきり、にんにくを混ぜる。
2 ＞ キャベツは芯ごと大きめに切り、じゃがいもは四つ切り、にんじんは乱切り、しめじは食べやすく小房に分ける。
3 ＞ 鍋に分量の水、2の野菜、ソーセージを入れて強火にかける。
4 ＞ 沸騰したらコンソメを加え、ごく弱火にして30分煮込む。
5 ＞ 塩、こしょうで味を調え、器に盛って1のヨーグルトを添え、好みにかけていただく。

スープが残ったら　ポトフの簡単リゾット　小鍋に具を除いたポトフ1人分を温め、茶碗1杯分のご飯と一口大に切った具を加えて混ぜます。好みのとけるチーズを適量加え、ぽってりしてきたら塩で味を調えればリゾットのでき上り。ポトフはやさしい味なので、残りの具を加えるときに、薄切りにしたセロリや好みのハーブを適量加えて香りをつけてもいいですね。

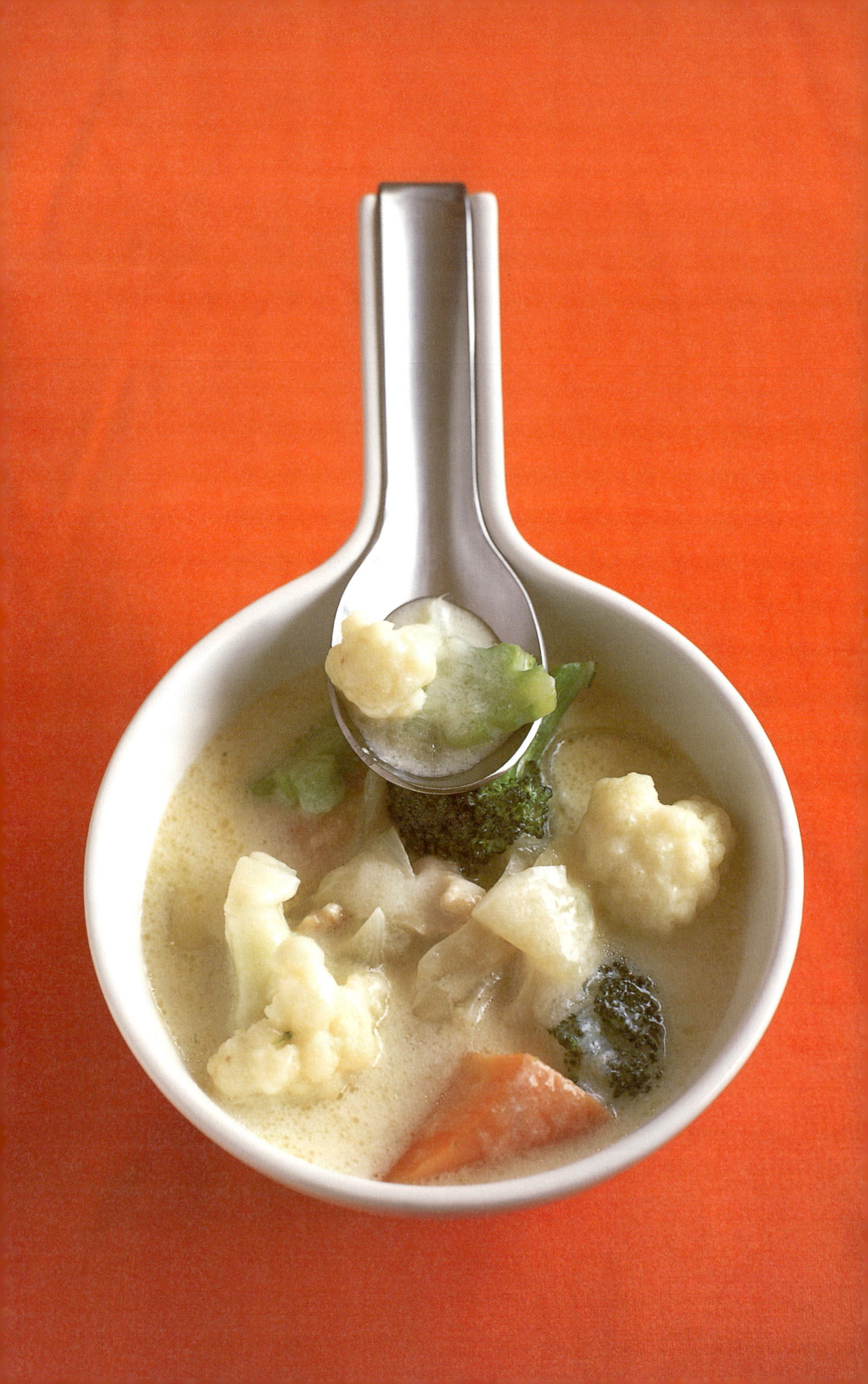

野菜たっぷりホワイトシチュー

ホワイトソースは子どもが大好きな味。だから、普段あまり食べない野菜も入れてみましょう。うちではそれがカリフラワー。こうすれば喜んで食べます。じゃがいもを入れるよりあっさりして食べやすいと両親にも好評です。

材料＜約4人分
鶏もも肉＞＞＞2枚
ブロッコリー＞＞＞1個
カリフラワー＞＞＞½個
にんじん＞＞＞1本
玉ねぎ＞＞＞2個
サラダ油＞＞＞大さじ1
バター＞＞＞40g
薄力粉＞＞＞30g
水＞＞＞500ml
コンソメスープのもと＞＞＞1個
牛乳＞＞＞400ml
塩、こしょう＞＞＞各適宜

1＞鶏肉は脂身を取って一口大に切る。ブロッコリーは房ごとに分け、軸の部分は皮をむいて5mm幅の小口切りに、カリフラワーは軸ごと房に分ける。にんじんはよく洗って皮つきのまま乱切りに、玉ねぎは縦半分に切って1cm幅に切る。
2＞鍋にサラダ油を熱し、鶏肉を白っぽくなるまで焼き、バターとにんじん、玉ねぎを加え、中火でしんなりするまで炒める。
3＞薄力粉を加えて粉気がなくなるまで炒め、分量の水を加える。沸騰したらコンソメを加え、ごく弱火で20分煮込む。
4＞牛乳とブロッコリー、カリフラワーを加え、野菜がやわらかくなるまで3～5分煮る。塩、こしょうで味を調える。

スープが残ったら　ホワイトシチューのパングラタン　耐熱容器に1人分の食パンやフランスパンをちぎって入れ、ホワイトシチュー1人分をかけます。ピザ用チーズとパン粉適量をのせ、オーブントースターでパン粉に焦げ目がつく程度に焼くだけ。ライ麦パンなどハードタイプのパンで作る場合は、薄く切ってバターをぬってから。やさしい味のシチューはどんなパンともよく合います。

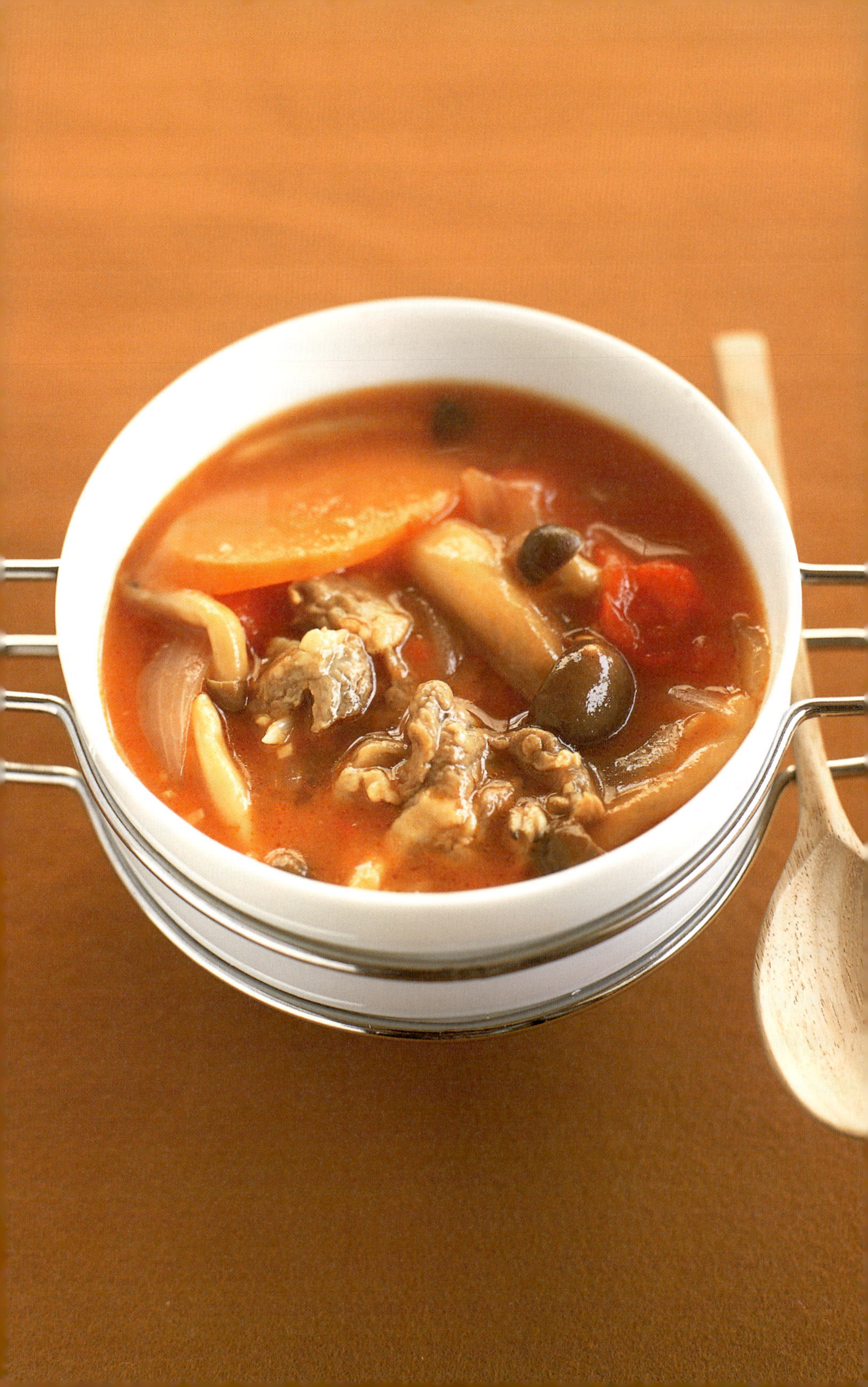

塩漬け豚のトマトスープ

豚肉は一晩塩漬けにするだけで、熟成しておいしくなります。かたまりの肉を塩漬けにしてもいいのですが、子どもには食べにくいので、薄切り肉を重ねて使うと、煮る時間も少なく、やわらかくて食べやすく好評です。肉は味出しも兼ねて、野菜をよりおいしくしてくれます。

材料 ＜ 4人分
豚肩ロース肉(薄切り)＞＞＞250g
粗塩＞＞＞大さじ1
玉ねぎ＞＞＞2個
にんじん＞＞＞½本
しめじ＞＞＞½パック
にんにく＞＞＞2かけ
バター＞＞＞40g
薄力粉＞＞＞30g
ホールトマト(缶詰)＞＞＞1缶(400g)
水＞＞＞1ℓ
カレー粉＞＞＞小さじ⅔
塩、こしょう、レモン汁＞＞＞各適宜

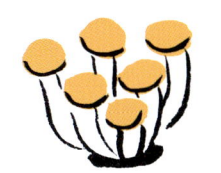

1＞ 肉は粗塩をまぶして冷蔵庫に一晩おき、重ねて一口大に切る。玉ねぎは1cm幅に、にんじんは斜め薄切り、しめじは食べやすく小房に分ける。にんにくは薄切りにする。
2＞ 鍋にバターと豚肉を入れて中火にかけて炒め、色が変わったら取り出す。
3＞ 鍋に玉ねぎ、にんじん、しめじ、にんにくを入れ、玉ねぎが透き通るまで炒める。
4＞ 薄力粉を加えて粉気がなくなるまで炒め、ホールトマトを加える。
5＞ 分量の水、カレー粉を加え、沸騰したら2の豚肉を戻し入れて20分煮込む。火を止め、塩、こしょうとレモン汁で味を調える。

スープが残ったら **塩漬け豚のスープおじや** 小鍋に塩漬け豚のトマトスープ1人分を温め、茶碗1杯分のご飯を入れます。ご飯がやわらかくなったら塩で味を調え、卵1個を割り入れ、ふたをして火を止めます。卵が半熟になればでき上り。卵をくずして混ぜながらいただきます。

スープを残そう

お鍋にスープがあると、とても安心。
ご飯やパンと、とりあえず食事にできるし
スープを食べると、心もほっとくつろぎます。
一晩おくと、味がなじんで
えっ！と思うくらいおいしくなるスープもあります。
そればかりではありません。
スープはご飯やパンやパスタを加えるだけで
新しい料理に生まれ変わります。
だからお鍋にスープがあると、ますます安心。
残ったスープでというよりも
スープを残してでも作りたくなる
そんなアイディアレシピを
ご紹介しましょう。

スープにご飯をプラスして

ほうれん草の簡単リゾット
ほうれん草のスープ(PAGE 8)200mlを小鍋に温め、好みで5mm角に切ったにんじんを加えてやわらかく煮ます。ここに茶碗1杯分のご飯を入れ、粉チーズ、またはとけるタイプのチーズを加えて、ぽってりするまで煮ます。
★チーズのこくが加わって、子どもにも人気のリゾットがあっという間にできます。ほうれん草のスープに限らず、洋風のポタージュタイプのスープなら、同様にできます。

セロリ風味の簡単ドリア
セロリのスープ(PAGE 12)200mlを小鍋に温め、刻んだセロリの葉を好みの量と、ピザ用チーズ1/2カップを加えて混ぜ、耐熱容器に茶碗2杯分のご飯を敷きつめた上にかけます。パン粉を散らし、オーブントースターで焦げ目がつくまで加熱すれば、簡単ドリアのでき上り。
★洋風のスープなら具のあるものでも同様に作れます。

モロヘイヤの麦とろご飯
モロヘイヤの冷たいスープ(PAGE 30)は、和風のだしがきいているので、山芋のようにご飯にかけて食べてものどごしよく、するするっといくらでも食べられてしまいます。
★ご飯は押し麦を少し入れて麦ご飯にすると、より本格的。和風のポタージュタイプのスープや、具だくさんのスープで同様に楽しめます。

きのこの和風焼きリゾット
きのこの豆乳みそ味スープ(PAGE 50)200mlを小鍋に温め、ご飯200g、粉チーズ大さじ2を入れて混ぜ合わせます。ぽってりしてきたら木べらで丸くまとめ、フライパンで焼き色がつくまで焼きます。
★まわりのかりかりした食感とみその風味が食欲を誘う、和風焼きリゾット。粉チーズがつなぎの役目をしているので、必ず入れて。具の大きいものは切るなどすれば、どのスープでも同様にできます。

スープにパンをプラスして

コーンポテトサラダサンド
とうもろこしの冷たいスープ（PAGE 28）150mlを小鍋に温め、ゆでてつぶしたじゃがいも2個分を混ぜます。好みで汁気をきった粒コーン50gを加え、煮つめて水分を飛ばし、塩、こしょうをして粗熱を取ります。レタスなどとパンにはさんで。
★野菜の自然な甘さがおいしいコーンポテトサラダは、マヨネーズを使わないのであっさりとしてヘルシー。同様にして洋風のスープ全般でできます。

アスパラのパンプディング
アスパラの冷たいスープ（PAGE 36）100mlと卵小1個をボウルに混ぜ合わせ、軽く塩をふります。これを耐熱容器にちぎって入れたクロワッサンに注ぎ、ラップをかけて電子レンジで約1～2分、全体が固まるまで加熱します。
★クロワッサンを加えることで、こくはあるけれど甘くないパンプディングに。ブリオッシュと呼ばれる卵やバターがたっぷり入ったパンで作っても。洋風のポタージュタイプのスープならどれでもできます。

ミネストローネのパングラタン
フランスパン1/4本をちぎって耐熱容器に並べ、**ミネストローネ**（PAGE 48）200mlをかけます。卵1個を割り入れ、オーブントースターで白身に火が通る程度に約2分加熱します。
★卵の黄身がソースになってマイルドな味わいに。パンは食パンやクロワッサンを使っても。使うパンによってあっさりしたり、こくが出たり、いろいろな味が楽しめます。洋風のスープ全般で応用できます。

クラムチャウダーのパングラタン
小型フランスパン3個の上1/3を切り、中のやわらかい部分をくりぬきます。**クラムチャウダー**（PAGE 62）200mlに、くりぬいたパン、ピザ用チーズ40g、刻んだパセリ適量を混ぜ合わせ、パンの中に詰めます。上1/3も一緒にオーブントースターで焼き、チーズがとければでき上り。
★大型のフランスパンで作っても。同様にして洋風のスープ全般でできます。

スープにパスタなどをプラスして

クレソンのパスタ
クレソンのスープ（PAGE 18）200mlを小鍋に温め、ゆでてつぶしたじゃがいも小1個分を加え、とろみがつくまで煮つめます。ここにゆでてオリーブ油少々をからめたパスタ1人分を加え混ぜ、塩、こしょうで味を調えます。薄切りのにんにくをオリーブ油でこんがりと揚げ、上に散らしても。
★同様にして洋風のポタージュタイプのスープ全般で応用できます。

トマト味の冷製パスタ
ボウルにゆでて水で洗った細めのパスタ90gを入れます。パスタにオリーブ油大さじ1をからめ、**トマトの冷たいスープ**（PAGE 38）200mlであえます。塩、こしょうで味を調えて器に盛り、小さく切ったきゅうりやトマトを散らしたり、タバスコをふって辛くしても。
★ほのかな酸味のこのスープにパスタが加われば、のどごしがいいので、食欲がないときでも食べられます。ポタージュタイプのスープならどれでもできます。

ブロッコリーの麻婆春雨
フライパンにごま油大さじ1を熱し、にんにくのみじん切り1かけ分と豆板醤小さじ1/3、長ねぎ10cmを小口切りにして炒めます。**ブロッコリーとしめじのスープ**（PAGE 42）300ml、砂糖大さじ1/2、しょうゆ大さじ1を混ぜ、春雨50gを熱湯でもどして食べやすく切って加え、塩、こしょうで味を調えます。
★ご飯にのせて丼にしてもいいですね。ピリ辛は食欲をそそります。牛乳とトマトを使わない具だくさんのスープなら同様にできます。

チキンスープの汁ビーフン
ビーフン50gはお湯でもどし、食べやすく切ります。**鶏肉と小松菜のスープ**（PAGE 64）300mlを小鍋に温めてビーフンを入れ、さっと煮ます。器に盛り、好みで香菜をのせてナンプラーをかけていただきます。
★香菜をのせ、ナンプラーの味を強くするだけでエスニックな味になるから不思議。具が少なくなってしまったら、ゆでたささ身をさいてのせても。これも牛乳とトマトを使わない具だくさんのスープでしたらどのスープでもできます。

鶏ガラスープの作り方

スープのだしはコンソメスープのもとで簡単にしてもいいですが、時間に余裕のあるときは鶏ガラでだしをとってみましょう。確実にワンランクアップのおいしいスープになります。
鶏ガラは首つきのものが、だしがよく出ておすすめです。

材料 < でき上り1.7ℓ分
鶏ガラ > > > 1羽分
長ねぎ > > > 1本
にんにく > > > 2かけ
水 > > > 2ℓ

1 > 長ねぎはぶつ切りにし、にんにくは皮つきのまま半分に切る。鶏ガラ、水とともに鍋に入れ、ふたをして強火にかける。
2 > 沸騰しはじめたらふたを取り、弱火にして、あくを取りながら40分煮る。
3 > ストレーナーにキッチンペーパーを敷いて、2をこす。

スープにうれしいトッピングなど

ガーリックラスク
家庭でも簡単にできるラスクは、多めに作って保存しておくといいですね。そのままスープに添えるほか、スープに割り入れたり、浸して食べると、もっとおいしい。

材料 <作りやすい分量
フランスパン > > > 1/3 本
にんにく > > > 1 かけ
バター > > > 60g
パセリ > > > 少々

1 > バターを室温に戻してやわらかく練り、すりおろしたにんにくを混ぜる。
2 > フランスパンを薄く切って1のにんにくバターをぬり、パセリを散らして150℃のオーブンで10分焼く。

簡単クルトン
食パン1枚の耳を落として1cm角に切り、重ならないように耐熱容器に並べる。サラダ油大さじ2とパセリのみじん切り少々を全体にかけ、ラップなしで電子レンジに1分かける。一度取り出して全体を混ぜ、さらに表面がかりっとするまで1分かける。

ハーブで味にアクセントを
スープの味に変化をつけたいときは、ハーブが便利。バジルはトマト味や魚介に、セージは肉などに、香菜はエスニック系の味に、一味プラスしてくれます。ジェノヴァ風ペーストもトマト味のスープに少しかけるだけで大人の味に。

辛みを加えて大人の味に
タバスコ、レッドペッパー、チリ＆ガーリックソース、この三つはどれも赤とうがらしの辛いスパイス。子どもがいると辛いものはあきらめがちですが、もの足りなさも。トマト味のスープなどにほんの少しかけるだけで、パンチのきいた大人の味が楽しめます。

田辺由布子 たなべ・ゆうこ

短大卒業後OL生活に入るがあきたらず、料理学校でお菓子作りを学んだ後、パン屋さんやレストランの厨房で働き、パン作りや料理を身につける。その後、自宅でパンや料理の教室を主宰する一方、雑誌や単行本でも活躍。常に作り手の声に耳を傾け、手軽でおいしいレシピの開発に努めている。現在は2女の母になり、両親との6人家族プラス愛犬まるちゃん。三度の食事はすべて担当し、料理が仕事から生活そのものになったことで、見える世界が変わったことを実感している。この本もそんな体験の中から生まれた。著書に『すぐできる90分の本格パン』『超本格パンが100分で焼ける!』『東南アジアの人気パン』『パン作りQ&A』『あの人に贈りたい かわいいプレゼントケーキ』(以上、文化出版局)などがある。
著者のホームページ http://wwwl.odn.ne.jp/~cef54160/

撮影　竹内章雄
スタイリング　塚本 文
イラスト　あかね
ブックデザイン　若山嘉代子 L'espace

子どもに野菜!はスープがいちばん

2006年11月6日　第1刷発行
2007年 3月6日　第3刷発行
著　者　田辺由布子
発行者　大沼 淳
発行所　文化出版局
　　　　〒151-8524 東京都渋谷区代々木3-22-7
　　　　電話 03-3299-2491 (編集)
　　　　　　 03-3299-2540 (営業)
印刷所　凸版印刷株式会社
製本所　小高製本工業株式会社

©Yuko Tanabe 2006
Photographs ©Akio Takeuchi 2006
Printed in Japan

Ⓡ本書の全部または一部を無断で複写(コピー)することは、著作権法上での例外を除き、禁じられています。本書からの複写を希望される場合は、日本複写権センター(電話03-3401-2382)にご連絡ください。

お近くに書店がない場合、読者専用注文センターへ　📞 0120-463-464
ホームページhttp://books.bunka.ac.jp/